CERRIDWEN GREENLEAF

-DAS- BUCH DER MAGISCHEN SPRÜCHE

CERRIDWEN GREENLEAF

-DAS- BUCH DER MAGISCHEN SPRÜCHE

Praktisches Hexenwissen für Liebe, Glück und Erfolg

mvgverlag

Bibliografische Information der Deutschen Nationalbibliothek
Die Deutsche Nationalbibliothek verzeichnet diese Publikation in der Deutschen Nationalbibliografie.
Detaillierte bibliografische Daten sind im Internet über http://d-nb.de abrufbar.

Für Fragen und Anregungen
info@mvg-verlag.de

1. Auflage 2020
© 2020 by mvg Verlag, ein Imprint der Münchner Verlagsgruppe GmbH
Nymphenburger Straße 86
D-80636 München
Tel.: 089 651285-0
Fax: 089 652096

Die amerikanische Originalausgabe erschien 2018 bei Running Press unter dem Titel
The Practical Witch's Spell Book. © 2018 by Running Press, an imprint of Perseus Books, LLC,
a subsidiary of Hachette Book Group, Inc.. All rights reserved.

Übersetzerin: Dr. Anita Krätzer
Redaktion: Sabine Zürn
Umschlaggestaltung: Maria Verdorfer nach Mara Penny
Umschlagabbildung: Mara Penny
Illustrationen: © 2018 by Mara Penny
Satz: Ortrud Müller, Die Buchmacher – Atelier für Buchgestaltung, Köln
Druck: Florjancic Tisk d.o.o., Slowenien
Printed in the EU

ISBN Print 978-3-7474-0167-5
ISBN E-Book (PDF) 978-3-96121-534-8
ISBN E-Book (EPUB, Mobi) 978-3-96121-535-5

Weitere Informationen zum Verlag finden Sie unter

www.mvg-verlag.de

Beachten Sie auch unsere weiteren Verlage unter www.m-vg.de

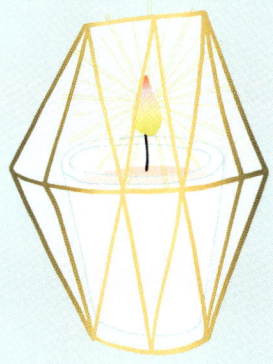

Meiner Tante Edith,
die mich in die Kunst des Hexenhandwerks eingeführt hat,
in ewiger Liebe gewidmet.

Göttin, lenke meine Schritte

und hilf mir, sie in Weisheit zu gehen.

Was ich an diesem Tag suche, werde ich mit offenem Herzen und Bewusstsein finden.

Heute empfange ich den Segen der Sonne, des Mondes

und der Sterne.

INHALT

EINLEITUNG
Die Kunst des Hexenhandwerks

Magie wohnt in uns. Sie ist unsere tiefste persönliche Kraft, und wir alle werden mit ihr geboren. Verbinde dich mit dieser angeborenen Magie; das ist eine der ermächtigendsten Maßnahmen, die du für dich selbst treffen kannst. Mach dir die Magie zunutze, indem du durch deine Gedanken und Handlungen bewusst mit ihr in Verbindung trittst. Das Hexenhandwerk hat einen tieferen Sinn: Es soll einen geliebten Menschen heilen, Wohlstand schaffen oder dein Zuhause mit Positivem erfüllen. Das ist die Energie, aus der wir jeden Tag unseres Lebens schöpfen.

Mithilfe der Magie sollen notwendige Veränderungen zum Besseren in deinem Leben, in deiner Wohnung, für deine Familie oder eine Gemeinschaft bewirkt werden. Auf diese Weise verbessern wir die Verhältnisse für uns selbst, für die Menschen in unserem Leben und für die Welt. Vom inneren Ort unserer Absicht heraus arbeiten wir daran, eine

Welt des Friedens, des Wohlstands, der Liebe, der Gesundheit und der Spiritualität zu erschaffen.

Ich habe schon als Kind begonnen, das Hexenhandwerk auszuüben. Für mich ist es die natürlichste Sache der Welt und in der Tat geht es dabei ja auch um die Natur. Bei Waldspaziergängen wies mich meine Tante, eine Kräuterkundige und Heilerin, auf wilde Stiefmütterchen, Wasserminze und andere Kräuter hin, die im Bachbett nahe meinem Zuhause wuchsen. Gemeinsam pflückten wir die Kräuter, stellten einen Aufguss aus ihnen her und tranken ihn, während sie mir ihr Wissen vermittelte.

An einem jener zeitlosen Nachmittage erfuhr ich, dass es bei Magie nicht darum geht, nach innen zu blicken, sondern darum, die Aufmerksamkeit auf die uns umgebende Natur zu lenken. Jedem Blatt, jedem Stein, jedem Gewässer und jedem Lebewesen wohnen magische Kräfte inne. Meine Tante erklärte mir, dass die höchste Berufung einer Hexe darin besteht, im Einklang mit der Natur zu leben, und dass der Schlüssel für inneren Friedens darin liegt, in Harmonie mit der Umwelt zu sein.

Indem du einen heiligen Raum errichtest und Kerzen, Kristalle und andere sorgfältig ausgewählte Gegenstände sammelst, die du für deine magische Arbeit verwenden willst, erschaffst du einen Ort, an dem du die Alltagswelt hinter dir lässt. Dieser Raum kann in deinen vier Wänden oder im Garten sein, wo du trotz des Alltagslärms mit dem Heiligen in Berührung kommst. Es ist nicht notwendig, einen Berggipfel zu erklimmen oder an Schweigeexerzitien teilzunehmen, um das Heilige zu finden. Jeder beliebige Ort kann ein Ort der Magie werden, wo du einen Schutzkreis ziehen kannst.

Du kannst diesen spürbaren Kraftkreis visualisieren oder auf den Boden zeichnen. Im Inneren dieses heiligen Ortes wird mit Energien gearbeitet, werden Rituale durchgeführt und Zaubersprüche angewendet. Hier bittest du Götter und Wesenheiten herbei. Die Arbeit im magischen Kreis kann eine äußerst intensive Erfahrung sein. All deine Sinne erwachen: Du fühlst, siehst und hörst die Energien und beschützenden Kräfte, die du anrufst.

Einen magischen Kreis kannst du überall ziehen – draußen im Wald, an einem Bach oder bei dir zu Hause. Wo auch immer du es tust, wird der Kreis zu deinem Tempel. In deiner Wohnung kannst du die Grenze des Kreises mit Stühlen markieren. Nach der Wicca-Überlieferung muss ein magischer Kreis einen Durchmesser von rund 2,70 Metern haben. Aber nimm dir die Freiheit, den Kreis jeweils so groß zu machen, dass er eine große Gruppe oder einfach nur dich selbst umschließt.

Angesichts der zunehmenden Beschleunigung unseres Lebens ist eine magische Lebensweise wichtiger denn je. Ich übergebe dir diese besonderen Zaubersprüche, Segnungen und Rituale, die in meiner Familie und in meinem Freundeskreis über Generationen hinweg weitergegeben wurden. Meinen Lehrern John Michael Greer, Zsuzsanna Budapest und Starhawk, die mir zeigten, wie ich mithilfe von Mutter Erde geerdet und mit meinem Geist verbunden bleiben kann, bin ich zutiefst dankbar. Betrachte dieses Buch als heidnischen Leitfaden für das 21. Jahrhundert, mit dem du garantiert Stress abbauen, Spannungen lösen und deinem täglichen Leben Wohlbefinden, Freude und Zauber verleihen kannst. Ich segne dich!

Hexenwerkzeuge

Deine Magie beginnt an deinem heiligen Ort und du arbeitest mit deinen Hexenwerkzeugen. Damit sie vollständig mit Energie erfüllt sind, solltest du sie auf deinem Altar aufbewahren. Säubere und reinige erworbene Werkzeuge stets, egal, ob sie gebraucht oder noch ganz neu sind. Mach dir bewusst, dass sie Energieüberträger sind, die Energien der Umgebung und deiner rituellen Tätigkeit in sich aufnehmen und weitergeben. Also halte sie sauber, rein und positiv.

Jedes rituelle Werkzeug ist der Person geweiht, die mit ihm arbeitet. Ich weiß all die Gegenstände zu schätzen, die ich im Laufe der Jahre gesammelt habe. Mit jedem Gebrauch fühle ich mich mit meinen Gerätschaften auch energetisch tiefer verbunden. Zu meinem großen Glück wurde ich mit einigen Hexenwerkzeugen beschenkt, von denen ein paar neu und andere wunderbar alt sind mit einer entsprechenden Vorgeschichte. Ich setze sie alle achtsam ein.

Mach deinen Altar zu deinem persönlichen Kraftzentrum, und deine Hexenwerkzeuge werden dich bei deiner magischen Arbeit unterstützen. Egal, ob du ein Werkzeug in einem Geschäft findest oder es geschenkt bekommst – es sollte eine besondere Bedeutung für dich haben und sich bei seiner Anwendung vollkommen anfühlen. Wähle die Gegenstände mit Bedacht aus, dann leisten sie dir gute Dienste.

RITUALGEGENSTÄNDE VON HEXEN

ATHAME

Der rituelle Dolch ist das Hauptwerkzeug der Hexen. Das Athame repräsentiert und enthält Yang-Energie, den männlichen Aspekt des Göttlichen,
und wird als zeremonielles Messer mit dem Element Feuer verbunden.
Deshalb sollte es auf der rechten Seite deines Altars liegen. Es dient dazu,
die im Ritual erzeugten Energien zu lenken. Da es nicht zum Schneiden verwendet wird, hat es meist eine stumpfe Klinge. Manche Wicca-
Überlieferungen geben vor, dass der Griff eines Athame schwarz oder
sehr dunkel zu sein hat, weil Schwarz Energie absorbiert. Ein Messer mit
einem dunklen Griff passt sich demnach schnell an die Person an, die es
führt.

BOLLINE

Das vorzugsweise mit einem weißen Griff versehene Bolline ist ein Altar-
messer mit einer scharfen Klinge. Es dient innerhalb eines magischen
Kreises zum Schneiden von Kräutern und zur Herstellung von magischen
Hilfsmitteln wie Kerzen, Bändern oder Schnüren. Schneide mit dem Bol-
line den Ast eines Baumes ab, um daraus deinen Zauberstab zu machen.
Die Verwendung des Bollines erhöht die im Ast vorhandene Energie; so

wird durch das Hexenwerkzeug ein neues magisches Werkzeug geschaffen. Mit dem Bolline kannst du Symbole in Amulette, Kerzen, Holz oder Ton ritzen. Im Gegensatz zum Athame hat die Klinge des Bollines eine Sichelform. Es verkörpert ebenfalls die Yang-Energie oder das Männliche.

FÜNF-MINUTEN-RITUAL

SEGNUNG DES MESSERS

Für deine magische Arbeit verwendest du sowohl das Athame als auch das Bolline. Mit diesem Ritual überträgst du jedem neuen Werkzeug deine persönlichen Energie. Lege dein neues Messer zuerst in eine Schüssel mit Speisesalz, um es energetisch zu reinigen. Stelle eine brennende weiße Kerze neben die Schüssel. Nimm dann das Messer in beide Hände und sprich laut:

Messer aus Metall, so stark,

gut und lang wirst du mir dienen, ohne Arg.

Zauber wird wirken, zusammen wir gehören,

Segen und Magie wir gemeinsam beschwören.

So soll es sein. Und so ist es.

Ziehe die Klinge durch die Flamme der weißen Kerze und wiederhole den magischen Spruch. Bewahre das Athame und das Bolline auf deinem Altar auf, damit ihre Energien miteinander verbunden bleiben.

BUCH DER SCHATTEN

Im »Buch der Schatten« zeichnest du wie in einem Tagebuch alles über deine magische Arbeit auf: deine ersten Schritte auf dem Weg als Hexe und deine weitere Entwicklung, magische Sprüche, Zauberformeln, Rezepte, Rituale usw. Halte dein neues Wissen fest, fülle das Buch mit deinen Gedanken und Beobachtungen. Sie dienen dir später als Quelle der Inspiration. Das Buch kann ein prachtvoller Band aus handgeschöpftem Papier und schön gestalteten Lesezeichen sein oder ein einfaches Ringbuch. Wichtig ist nur, dass es dir gefällt, damit du es fleißig nutzt. In dieses Buch trägst du all deine Erfahrungen und Erkenntnisse ein. War zum Beispiel ein Ritual oder ein Symbol in einer bestimmten Mondphase besonders wirksam? Schreib es auf. Auf diese Weise entsteht ein Leitfaden für künftige Rituale, auf den du immer wieder zurückgreifen kannst. Alles Wissen über Astrologie, Kräuter, Kristalle usw., das ich in diesem Buch mit dir teile, stammt aus den detaillierten Aufzeichnungen in meinem eigenen Buch der Schatten. Durch Ausprobieren und regelmäßiges Üben wirst du allmählich die Geheimnisse des Universums entdecken.

BESEN

Der Besen dient zur energetischen Reinigung von Räumen oder Plätzen vor der Durchführung eines Rituals. Die magische Verwendung des Besens entstand dadurch, dass vor einem Ritual die Umgebung durch Fegen gesäubert wurde. Ein Besen ist aber auch ein Schutzsymbol und soll negative Energien abhalten. Bei Hexenhochzeiten sprang das Brautpaar einst über einen Besen in den neuen Lebensabschnitt, ein Brauch, der inzwischen kaum noch gepflegt wird.

Besorge dir einen handgefertigten Besen von einem Kunsthandwerkermarkt, keinen maschinengefertigten aus Plastik. Oder stelle deinen eigenen Besen her, zum Beispiel mit einem Stiel aus Eschenholz, Birkenreisern zum Fegen und Verbindungen aus Weidenrinde. Die Naturmaterialien übertragen ihre Energien auf deinen Besen. Behandle den Besen mit äußerstem Respekt, und er wird dir stets gute Dienste leisten. Durch den ausschließlichen Gebrauch für die magische Arbeit wird er im Laufe der Zeit immer weiter energetisch aufgeladen.

In der Wicca-Tradition werden Besen hoch geschätzt, und einige Hexen besitzen eine beeindruckende Sammlung von Besen; sie geben jedem Besen einen Namen, um deren unterschiedliche Bedeutung als »Vertraute« oder »verwandte Geister« zu benennen. Mit folgender Zauberformel kannst du deinen Besen in seine Aufgabe einweihen:

Besenweihungsspruch

Sprich die Formel laut aus, um die Kraft deines Besens nutzbar zu machen:

Kehre fort alles Böse, kehre fort alles Schlechte,

damit nur noch Platz ist für das Gute und Gerechte.

Kehre, kehre, Hexenbesen,

Dunkelheit und Verhängnis, seid gewesen.

PRAKTISCHER HEXENTIPP

Verwendung des Besens

Ganz wichtig: Verwende deinen magischen Besen *nicht* für die Hausarbeit, weil sich dadurch die Energien in deiner Wohnung mit denen deines heiligen Ortes vermischen würden. Möglicherweise betrachten viele das Zuhause als heiligen Ort. Trenne dennoch die Haushaltsgeräte von deinen rituellen Werkzeugen. Betrachte es vielleicht wie die Trennung von Religion und Staat, denn genau so ist es.

Bannender Besenzauber

Streue nach einem negativen Ereignis in der Nachbarschaft oder deinem Haus Salz vor die Eingangstür und sprich laut beim Wegfegen:

Fege, fege, fege alles fort,

lass verschwinden alles Negative von diesem Ort.

Ich banne alles Schlechte in der Umgebung mein,

nur das Gute und Positive sollen mir willkommen sein.

DEN BESEN ENERGETISCH AUFLADEN

Steigere die Wirkkraft deines Besens für Reinigungsrituale, indem du einen Talisman an den Stiel bindest. Besorge dir einen dünnen Draht, am besten aus von Venus regiertem Kupfer, und fädle Perlen aus folgenden Materialien auf, die sich hervorragend zum Reinigen und Klären von Räumen eignen: Gagat, Hämatit, Onyx, Tigerauge, Türkis und reines Quarz.

KESSEL

Kessel lassen sich sehr gut zum Mischen von Kräutern und ätherischen Ölen verwenden, zum rituellen Verbrennen von Gegenständen oder zur Zubereitung von Flüssigkeiten. Du kannst Zettel verbrennen, auf die du Wünsche oder Zauberformeln geschrieben hast. So steigen deine Wünsche zu den Göttern auf. Du kannst in die Zukunft schauen, wenn du ihn mit Wasser füllst und die Bilder auf der Wasseroberfläche deutest. Vor und nach jedem Gebrauch den Kessel gründlich reinigen! Der Kessel verkörpert den Schoß der Göttin und ist ein Symbol der Weiblichkeit. Meist hat er drei Beine. Du kannst ihn auf deinen Altar stellen oder auf den Boden links vom Altar. Als Kessel eignen sich alle gewölbten oder schüsselähnlichen Gegenstände, etwa aus einem großen Stein oder einer Kristallgeode. Ich rate dir, dir einen Kessel zu wünschen und geduldig abzuwarten, dann wird der Kessel deiner Träume auf die zauberhafteste Weise seinen Weg zu dir finden.

MAGISCHE SCHNUR

Sie verbindet Magie mit dir und besteht aus miteinander verflochtenen roten Wollfäden. Rot steht für Leben und aktive Energie. Die geflochtene Schnur ist 2,70 Meter lang und wird auf der einen Seite zu einer Schlaufe gebunden, welche die weibliche Energie verkörpert, und auf der anderen Seite fransig gelassen, um die männliche Energie darzustellen. Eingeflochtene Perlen erhöhen die magische Kraft der Schnur. Am besten eignen sich klare, energieverstärkende Quarzkristallperlen. Um verschiedene Wirkungen zu erzielen, kannst du aber auch Rosenquarz, Amber, Jade, Lapislazuli oder Amethyst wählen.

Ritueller Knoten:
Schnüre zur Stärkung deiner Lebensenergie

Neumond ist die optimale Zeit für diesen Zauber. Du brauchst dafür ein Blatt Papier, auf das du deinen Wunsch geschrieben hast, und eine rote Schnur. Wenn du spürst, dass du deine Energie ganz auf das Blatt konzentriert hast, rollst du es zusammen. Während du diesen alten Spruch sagst, machst du Knoten in die Schnur:

Mit dem ersten Knoten dieses Ritual beginnt.

Mit dem zweiten Knoten mein Wunsch gewinnt.

Mit dem dritten Knoten wird es, wie es soll sein.

Mit dem vierten Knoten kommt noch mehr Magie herein.

Mit dem fünften Knoten erwachen die Götter zum Leben.

Mit dem sechsten Knoten mein Wunsch zu ihnen kann schweben.

Mit dem siebten Knoten geht der Himmel auf.

Mit dem achten Knoten ändere ich meines Schicksals Lauf.

Mit dem neunten Knoten durchdringt alles göttliches Licht.

Wenn du fertig bist, wickelst du die Schnur um die Papierrolle. Schreibe für künftige Rituale in deinem Buch der Schatten auf, wann sich die Kraft dieses Zaubers entfaltet hat.

SEGNUNGSSCHALE

Eine Schale ist eigentlich kein Ritualinstrument, aber du kannst Schalen bei der magischen Arbeit so oft einsetzen, wie du möchtest. Drei einfache Zutaten – eine rote Rose, eine rosafarbene Kerze und Wasser – können einen machtvollen Segen spenden. Die Rose verkörpert Schönheit, Möglichkeiten, die sonnigen Jahreszeiten und Liebe zu sich und anderen. Die Kerze steht für das Element Feuer, die golden im Osten aufgehende Sonne, für Harmonie, höhere Ziele und das Seelenlicht. Wasser repräsentiert die Himmelsrichtung Westen, Gefühle und Reinigung.

Sonnenaufgangszauber

Du kannst dieses Ritual allein oder in einer Gruppe vollziehen, in der die Schüssel herumgereicht wird. Lege eine Rose in eine durchsichtige Schale mit Wasser und zünde daneben eine rosafarbene Kerze an. Rühre mit der linken Hand sanft das Wasser um und sprich:

Dieses Wasser reinigt meine Seele und mein Sein.

Geist und Herz geklärt, sehe ich ein,

dass ich Liebe bin; mein Herz umfasst Himmel und Erde.

Von Ost nach West allumfassende Liebe sich erfüllen werde.

Segen für alle. Amen.

Bewahre die Segnungsschale drei Tage und Nächte lang auf deinem Altar auf. Trockne die Rose und lege sie auf deinen Nachttisch, wo sie stets dein Herz erfüllt.

ZAUBERSTAB

Der Zauberstab ist die Verlängerung des Arms bzw. der Hand der Hexe; mit ihm lenkst du Energien oder zeichnest magische Symbole. In speziellen Geschäften findet man wunderschöne, mit Kristallen geschmückte Zauberstäbe, und ich bin mir sicher, dass sie übernatürliche Kräfte haben. Aber es ist wirklich eine fantastische Sache, seinen Zauberstab selbst herzustellen. Nimm einen abgebrochenen Ast, schmirgle und glätte ihn rundherum. Dann räuchere ihn gründlich. Befestige nahe dem Griff einen großen Quarzkristall (mit Heißkleber) sowie auf dem Stab weitere Kristalle, deren Eigenschaften deine Magie ergänzen. Citrin eignet sich hervorragend für die Spitze des Zauberstabs und richtet deine Persönlichkeit auf deinen Geist aus.

KRISTALLE UND EDELSTEINE ZUR VOLLENDUNG DEINES ZAUBERSTABS

Die folgenden Steine haben unterschiedliche Kräfte:

AMETHYST ✦ für Ausgewogenheit und Intuition

AVENTURIN ✦ für kreative Visualisierungen

BERNSTEIN ✦ für Erdung

CALCIT ✦ für die Abwehr von Negativem

CHALCEDON ✦ für die Macht über dunkle Geister

CITRIN ✦ für Motivation; zieht Geld und Erfolg an

FLUORIT ◆ für Kontakte zu Feen und anderen unsichtbaren Wesen

GEODE ◆ für das Überstehen von extrem schwierigen Zeiten

GRANAT ◆ für den Schutz vor übler Nachrede

HÄMATIT ◆ für Mut und Stärke

HELIOTROP ◆ für Fülle und Wohlstand

JADE ◆ für das weise Erkennen und Auslegen von Kraftträumen

JASPIS ◆ für Stabilität

MAGNETSTEIN ◆ für das Zurückholen eines Liebespartners

MAHAGONI-OBSIDIAN ◆ für das Gefühl, sexy und sinnlich zu sein

MOOSACHAT ◆ für Überzeugungs- und Heilkraft

QUARZKRISTALL ◆ für das Deuten von Träumen

RHODOCHROSIT ◆ für das unbeirrte Verfolgen deiner wahren Lebensaufgabe

ROSENQUARZ ◆ für Liebe

TÜRKIS ◆ für Sicherheit auf Reisen

WASSERMELONENTURMALIN ◆ zum Planen der bestmöglichen Zukunft

Ritualgegenstände mit Magie aufladen

Du solltest alle deine Ritualgegenstände vor dem ersten Gebrauch weihen, dies gilt auch für jede weitere Neuanschaffung. Im Wesentlichen weihst du dabei dich und deine Werkzeuge und fasst einen grundsätzlichen Vorsatz für deine magische Arbeit. Wenn du mehr Erfahrung gesammelt hast, kannst du das Ritual noch weiter ausgestalten.

Gewinnst du zum Beispiel während einer bestimmten Mondphase mehr Klarheit? Verwendest du ausgewählte Farben, Kristalle, ätherische Öle, Weihrauchsorten und Kräuter für dein astrologisches Sonnen- und Mondsymbol? Gibt es eine spezielle Gottheit, mit der du dich verbunden fühlst? Nutze diese magischen Entsprechungen für die Gestaltung deiner Traumrituale. Je mehr Zusammenhänge du erkennst und verwendest, desto stärker wird deine Kraft.

Deine Ritualgegenstände sollten alle vier Elemente verkörpern, etwa Weihrauch für Luft, eine Kerze für Feuer, eine Tasse für Wasser und eine Schüssel mit Salz für das Element Erde.

Führe einen neuen Ritualgegenstand durch den duftenden Rauch des Weihrauchs und sage:

Jetzt bist du mit dem Atem der Luft beseelt,

Führe ihn dann durch die Flamme der Kerze mit den Worten:

... durch das Feuer geglättet,

Spritze etwas Wasser auf den Gegenstand und sage:

... und durch Wasser gereinigt,

Tauche ihn in die Schüssel mit Salz und sage:

... und ermächtigt durch die Erde.

Halte den Gegenstand mit beiden Händen vor dich und stell dir vor, dass er von warmem, weißem Licht eingehüllt wird, das ihn reinigt. Sage:

Durchdrungen vom Geist und strahlend vor Licht.

Lege den gereinigten Gegenstand auf den Altar und sprich:

Durch Kunstfertigkeit geschaffen, aufgeladen und verändert,

werde ich dich, [Bezeichnung einfügen, etwa Bolline],

für Gutes in dieser Welt

und im Reich der Göttinnen und Götter gebrauchen.

Hiermit weihe ich dich, [Bezeichnung einfügen].

Andere rituelle Instrumente sind dagegen weniger fassbar. Dazu gehören dein Atem, deine Intuition, deine übersinnlichen Kräfte und die Fähigkeit, deine mentalen Kräfte und deine spirituelle Absicht zu fokussieren. Weil sie nicht greifbar sind, kannst du sie nur durch deine Absicht reinigen.

Gelegentlich verwendet man für Rituale auch Farben, Kräuter, Öle, Kristalle oder Zahlen. Viele der magischen Entsprechungen und rituellen Hilfsmittel wurden über Jahrhunderte hinweg überliefert, während andere von heutigen Praktizierenden stammen.

Deine Ritualgegenstände sammeln die Magie und halten sie bereit. Sie füllen sich mit deiner Energie, während sie auf dem Altar oder an einem geweihten Ort aufbewahrt werden. Du wirst zu ihrer Kraftquelle und sie verstärken deine magische Arbeit. Der Altar sollte ein Ort des Friedens und der Meditation sein, an dem dein Geist sich erheben kann; ein Ort der Konzentration für die Durchführung deiner Rituale. Durch deine Ritualgegenstände und den Altar schaffst du dir eine geistige Quelle – für ein an jedem Tag magisches Leben.

Sonne-Mond-Zauber

Zünde eine Kerze an, um die Energie, die du dir in deinem Leben wünschst, herbeizuzaubern. Halte die Kerze in der Hand und sage laut:

> Töchter unter dieser Sonne,
>
> Schwestern unter diesem Mond,
>
> an diesem Tag empfangen wir eure Segnungen.
>
> Sonnengott, kühn und strahlend,
>
> Mondgöttin, groß und gut –
>
> wir danken euch für die Zukunft.
>
> Leid für niemanden, Segen für alle.

Stelle die Kerze auf den Altar und lasse sie mindestens fünf Minuten lang brennen. Visualisiere die kommenden Segnungen, wenn du die Flamme löschst.

---

* Viele von uns gehen arbeiten, führen Beziehungen, haben Hobbys, Kinder, Freunde, besuchen Kurse, sind sportlich oder im Internet aktiv und so weiter. Wie integriert man seine spirituelle Arbeit in ein derart ausgefülltes Leben? Einzelzauber können jederzeit ausgeführt werden, wenn sie dir nützen. Doch besonders kraftvolle Zeiten sind der frühe Morgen oder der Übergang in die Nacht. Wenn du nur gelegentlich zaubern kannst, empfehle ich dir, dies bei Neumond oder Vollmond zu tun.

MAGISCHE SCHRITTE:
GEHMEDITATION

Seit Jahrhunderten gibt es eine Vielfalt an Wegformen, die eine starke spirituelle Bedeutung haben. Geh doch einmal eine Acht, das Symbol für Ewigkeit auf der Tarotkarte »Der Magier«. Vielleicht findest du ein Muster, das besonders bereichernd für dich ist? Du kannst die Kraft jedes Zauberspruchs verstärken, indem du ihn bei einer Gehmeditation sprichst. Probiere folgende universelle Formen aus, um herauszufinden, welche für dich am wirkungsvollsten ist:

OVAL ✦ Verkörpert den Geist und das göttliche Sein.

KREIS ✦ Die Gestalt der Sonne und des Mondes; Symbol der Unendlichkeit, für das Vollkommene und Göttliche.

KREUZ ✦ Zeigt eine menschliche Gestalt mit ausgestreckten Armen.
Das Symbol geht bis in die Steinzeit zurück.

HEXAGRAMM ✦ Sechszackiger Stern aus zwei sich überschneidenden
Dreiecken.

PENTAGRAMM ✦ Fünfzackiger Stern, der die vier Elemente und den
Äther (obere Spitze) verkörpert.

KAPITEL
❧ 2 ❧

Einen Hexenaltar errichten

Bevor es Tempel und Kirchen gab, war der wichtigste Ort der Verehrung der Altar. Das Wort »Altar« kommt aus dem Lateinischen und bedeutet »hoher Platz«. Durch einen persönlichen Altar kannst du deine Spiritualität steigern und an Weisheit und Erfahrung gewinnen. Für deinen Altar stellst du bewusst ausgewählte Ritualgegenstände in einer bestimmten Anordnung zusammen und richtest konzentriert deine ganze Aufmerksamkeit und deine Intention darauf. Durch die Arbeit mit den Energien dieser Gegenstände vollziehst du ein Ritual. Rituale können sich aus deinen Bedürfnissen und aus deiner Vorstellung ergeben oder du wendest die jahreszeitlichen und überlieferten Zeremonien an, die du in diesem Buch und in anderen Quellen findest.

Der Altar ist der materielle Mittelpunkt des Rituals, er beherbergt die von dir geweihten Gegenstände, die für die rituelle Arbeit und Spiritualität notwendig sind. Er kann von einem Felsen im Wald bis zu einem erlesenen antiken Tisch alles sein. Du kannst auch mehr als einen Altar errichten, wenn es der Platz erlaubt oder du mehrere unterschiedliche Anliegen hast – etwa einen Job zu bekommen, dein Leben mit Kreativität zu erfüllen, Liebe in dein Leben zu holen oder deinen Körper, dein Herz oder deinen Geist zu heilen. Ebenso kannst du bestimmten Gottheiten Altäre widmen, wenn du tief in deren Energien eintauchen möchtest.

Du kannst auch einen Schrein zur Verehrung einer Gottheit einrichten. Er kann beliebig groß sein und eine Zimmerecke, ein ganzes

Gebäude oder auch nur ein kleines Regal oder ein Fensterbrett umfassen, das vom Licht des Mondes und der Sonne beschienen wird. Du kannst einen großen Raum dafür verwenden oder gar einen Haustempelraum schaffen, in dem regelmäßig von Gruppen komplexe Rituale vollzogen werden.

Traditionell wird die linke Seite des Altars den Göttinnen und die rechte Seite den Göttern zugeordnet. Sobald du mit der rituellen Arbeit vertraut bist, kannst du deinen Altar individuell ausgestalten.

JAHRESZEITENALTÄRE

Es gibt viele Gründe für den Aufbau von Altären, und vier dieser Gründe sind die Jahreszeiten. Dein Altar hilft dir, das Gleichgewicht in deinem Leben zu bewahren und deine spirituelle Verbindung zur Welt um dich herum zu vertiefen. Mit einem Jahreszeitenaltar ehrst du Mutter Natur und verbindest dich mit der tieferen Weisheit der Erde.

Frühjahr

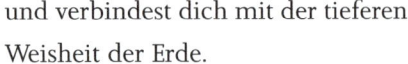

Pflanze für einen wunderschönen Altar im Freien schon im Herbst Tulpen- und Hyazinthenzwiebeln in Form eines Kreises. Wenn die Blüten zu knospen beginnen, stellst du ein Bild oder eine Statue in die Mitte, etwa eine Büste des schönen Hyakinthos, der die nach ihm benannte Hyazinthe verkörpert.

Sommer

Während der heißen Jahreszeit kann die Fülle des Lebens und des Wachstums mit gelben, grünen und roten Blumen und Früchten gefeiert werden. Gestalte mit Muscheln und schönen Steinen einen Altar, der dieser Jahreszeit der Freude gewidmet ist.

Herbst

Die Blätter fallen, es ist Herbst. Zu ihm passt ein Altar der Dankbarkeit für die Fülle und die Erhaltung des Lebens. Kürbisse, Eicheln, farbige Blätterzweige und ein schöner Blätterstrauß ehren die Veränderungen in der Natur, die der Herbst mit sich bringt.

Winter

Weiß und Blau stehen für Schnee und den Himmel. Sternförmige Kerzen und ein nackter Zweig auf dem Altar symbolisieren diese karge Zeit, in der man sein Inneres erforschen und die tiefsten Weisheiten für den kommenden Frühling ergründen sollte.

Raumsegnungszauber

Diese Kräutermischung dient dir bei jedem Ritual als Schutz vor negativen Energien. Du kannst sie aber auch verwenden, wenn du das Bedürfnis hast, dein Zuhause mit Gnade und Schutzenergien zu erfüllen. Dies wird dich, deine Zauberei und deine Lieben vor äußeren Einflüssen schützen, die sich negativ oder störend auswirken könnten. Definiere deine Intention und besorge dir folgende Zutaten:

- ¹⁄₄ Tasse Rosmarin
- ¹⁄₈ Tasse Wacholderbeeren
- 1 Teelöffel Dillkraut
- 6 getrocknete Salbeiblätter
- 4 Lorbeerblätter
- 4 Basilikumblätter

Gib alles in eine Schüssel und mische es mit der Hand. Schließe dabei die Augen und stelle dir das Zimmer als einen geweihten Raum vor, der durch strahlend weißes Licht geschützt wird. Gib die vermischten Kräuter in einen Topf mit siedendem Wasser. Sobald der aromatische Dampf aufsteigt, sprichst du:

Mit eigner Hand habe ich diesen Wohlgeruch erzeugt,

vor dieser göttlichen Mischung sich alle Unruhe beugt.

Aus eigenem Willen diesen Zauber ich vollführe;

dieses kostbare Gebräu verschließt allem Bösen die Türe.

Unheil für keinen und Gesundheit für alle,

möge gesegnet sein jeder in jedem Falle.

Gieße den Kräutersud in eine Schüssel und stelle sie auf deinen Altar oder an einen Platz, von dem aus sich der Duft weiter ausbreiten kann.

RÄUCHERWERK ZUR RAUMREINIGUNG

Folgende Mischung beseitigt negative Energien und eignet sich optimal zur Reinigung deines Zuhauses oder deines geweihten Arbeitsbereichs. Gib alle Zutaten in einen Mörser und zerkleinere sie vorsichtig darin.

- 1 Teil Sandelholz
- 3 Teile getrocknete und zerbröselte Salbeiblätter
- 3 Teile Kopal
- 3 Teile Weihrauch

Schütte die Kräuter-Harz-Mischung in deinen Weihrauchkessel oder in ein Räuchergefäß und zünde sie an. Öffne Fenster und Türen, wenn du dieses reinigende Räucherwerk abbrennst, damit die negative Energie nach draußen entweichen kann. Auch nach Streitereien oder Krankheiten empfiehlt sich eine energetische Hausreinigung.

MITTERNÄCHTLICHES REINIGUNGSRITUAL IM MONDLICHT

Stelle deinen Altar draußen auf, wenn das Wetter es erlaubt. Der Altar sollte nach Norden gerichtet sein, in die mit der Energie der Offenbarung verbundene Richtung. Norden ist außerdem die Richtung der mitternächtlichen »Geisterstunde«.

Lege ein einfaches weißes, viereckiges Tuch über deinen Altar für einen reinen, klaren Neubeginn. Stelle zwei grüne Kerzen in grünen Glaskerzenhaltern an die beiden am weitesten auseinanderliegenden Ecken. Dann stellst du das Räuchergefäß in die Mitte und verbrennst darin zur Reinigung Sandelholz, Kampfer oder Weihrauch. Schmücke deinen Altar mit Gegenständen, die für dich Wohlbefinden bedeuten – etwa mit einem Kerzenhalter aus Amethyst mit violetten Kerzen, mit einer Schüssel mit hellroten Äpfeln aus dem Garten, einem kleinen Zitronenbaum mit der stärkenden Kraft von Vitamin C oder einem Gefäß mit heilendem Meersalz. Diese oder andere symbolische Gegenstände erfüllen deinen Altar mit der Magie, die in dir ist, und mit deiner Absicht, gute Gesundheit zu erlangen. Du solltest wirklich nur die Dinge auswählen, die dich mit Freude erfüllen, wenn du deinen Altar betrachtest. Wenn du hier eine Zeit lang Mitternachtsrituale durchführst, wird ein positives und heilendes Energiefeld von deinem Altar ausgehen. Alles Gute!

Gelassenheitsaltar: Meditationsgesang

Füge dem Altar Gegenstände hinzu, die für inneren Frieden stehen, etwa Quarzkristalle, eine Schüssel mit schönen weißen Blüten, die Statue einer Göttin oder blaue und weiße Kerzen. Schmücke deinen heiligen Raum mit Gegenständen, die beruhigend auf dich wirken, zünde Kerzen an und mach es dir vor deinem Gelassenheitsaltar bequem. Meditiere und lass alle Sorgen gehen. Sitze einfach da und atme tief und gleichmäßig 20 Minuten lang ruhig ein und aus. Sage oder singe:

Große Göttin, Spenderin aller Früchte auf dieser Erde,

aller Fülle, aller Schönheit und allen Wohlbefindens,

segne alle, die diese Geschenke geben und empfangen.

Ich wurde aus heiliger Erde, reinstem Wasser,

heiligem Feuer und ungebändigtem Wind erschaffen.

Gesegnet sei ich. Gesegnet seiet ihr,

Mutter Erde und Schwester Himmel.

FÜNF-MINUTEN-MAGIE

EINE SCHACHTEL MIT STEINEN

Stelle eine magische Wunschschachtel auf den Tisch. Sieh sie gelegentlich an und denke deinen Herzenswunsch. Nimm dafür eine Schüssel oder eine leere Schachtel und fülle sie zur Hälfte mit Sand. Ordne darin die folgenden Wunschsteine so an, wie es dir gefällt:

ACHAT ◆ für ein neues Zuhause

AMETHYST ◆ für Spiritualität

KARNEOL ODER LAPISLAZULI ◆ für einen neuen Arbeitsplatz

KATZENGOLD ◆ für Geld

KORALLE ◆ für deinen Kinderwunsch

ROSENQUARZ ◆ für Liebe

Dein Zuhause ist dein Tempel: Hexensabbat-Ritual

Die acht jahreszeitlichen Hexenfeste, genannt Sabbate, richten sich nach dem Jahreslauf. Richte für die Feier des Hexensabbats den Raum, in dem dein Altar oder Schrein steht, als Tempel ein. Der Hauptaltar sollte sich in der Mitte des Raums befinden. Ein frischer Laib Brot (am besten selbst gebacken) kommt an die Ostseite des Altars, eine Schüssel mit Äpfeln an die Südseite, eine Flasche Wein an die Westseite und ein Bündel Weizenähren oder getrockneter Mais an die Nordseite. In die Mitte des Altars stellst du eine Kerze, einen Teller mit süßem Kuchen und einen Kelch. In einem Räuchergefäß, das vor dem Kuchen steht, brennst du Weihrauch ab. Vor dem Ritual besinnst du dich auf alles, was du in diesem Jahr schon erreicht hast.

Was habe ich getan?

Was brauche ich?

Was muss noch getan werden?

Wonach strebe ich?

Schreib deine Antworten auf diese Fragen auf, ebenso deine Gedanken und Gefühle. Lies, was du aufgeschrieben hast, und denke darüber nach. Suche nach wiederkehrenden Ideen oder Themen darin und mach dir dazu Notizen auf einem separaten Blatt Papier. Zünde die Kerze auf dem Altar an und verwende sie, um alle anderen Kerzen im Tempel anzuzünden.

Schlinge eine Schnur, am besten eine blaue oder violette, um das zusammengerollte Blatt mit deinen Notizen und verknote sie. Lege die Papierrolle auf den Altar. Lösche die Kerzen und schließe den Tempel. Am nächsten Tag solltest du die Äpfel, das Brot und den Wein als Segen für die Natur in den Garten stellen.

36

VIER HAUPTSABBATE

LICHTMESS	BELTANE	LAMMAS	SAMHAIN
2. FEBRUAR	30. APRIL	1. AUGUST	31. OKTOBER

VIER NEBENSABBATE

FRÜHLING	SOMMER	HERBST	WINTER
Tagundnacht-gleiche	Sonnenwende	Tagundnacht-gleiche	Sonnenwende/Julfest
21. MÄRZ	21. JUNI	21. SEPTEMBER	21. DEZEMBER

Gelassenheitszauber

Gehe durch den Wald oder am Strand spazieren oder entspanne dich im Garten, um inneren Frieden zu finden. Nimm einen Stock, sieben Eschen- oder Eichenblätter, mehrere Steine und Zündhölzer. Zeichne mit dem Stock einen Kreis auf den Boden und trage die vier Himmelsrichtungen darauf ein. Ordne die Steine und Blätter in der Mitte des Kreises an. Konzentriere dich auf deine Verbindung zur Erde. Sprich:

Das Glück entspringt für mich im Osten.

Meine Musik entsteht im Süden.

Meine Wünsche steigen im Westen empor.

Aus dem Norden kommen Frieden und Ruhe zu mir,

und meine Träume werden Wahrheit.

So sei es.

Einfacher Salzsegen

Mit Salz kannst du dein Zuhause reinigen und eine sichere Zone für deine magische Arbeit schaffen. Stelle eine Schüssel mit reinem Salz in jedes Zimmer, das deinem Gefühl nach einer Reinigung bedarf. Das Salz nimmt alle negativen Energien in sich auf. Viele Hexen tun dies regelmäßig am frühen Morgen. Vollziehe diese Reinigung immer, wenn du negative oder schlechte Energien in deinem Umfeld spürst.

Gib einen Teelöffel voll Salz in eine Schüssel mit frischem Wasser. Weihe dich selbst, indem du deine Finger in das Salzwasser tauchst und dein drittes Auge in der Mitte der Stirn benetzt. Wende dich dann Richtung Osten und sprich:

Macht des Ostens,

Ursprung der aufgehenden Sonne,

schenke mir einen Neuanfang.

Spritze ein paar Tropfen von dem Salzwasser in den östlichen Teil des Raumes. Wende dich nun nach Süden und sprich:

Heimat des Sternkreuzes,

Ort der Wärme und des Lichts,

bringe mir Freude und Fülle.

Verspritze ein paar Tropfen nach Süden. Drehe dich nach Westen und rufe:

Mächte des Westens,

Ursprung der Meere, Berge und Wüsten,

gebt mir die Sicherheit des Bodens unter meinen Füßen.

Verteile ein paar Salzwassertropfen im Westen des Raumes. Blicke jetzt nach Norden und rufe:

Mächte des Nordens,

aus dem die Winde stammen und der Polarstern,

verleiht mir Weitsicht und Erkenntnis.

Spritze Salzwasser in den nördlichen Bereich des Raumes. Reinige alle Räume mit einigen Tropfen Salzwasser, auch die Fensterrahmen und Fensterbretter und die Türöffnungen und Türschwellen, wo mit den ein- und ausgehenden Besuchern Energie hinein- und hinausgetragen wird. So reinigst du die Energie im ganzen Haus. Führe nach einem belastenden Ereignis dieses Ritual durch und stelle zur Reinigung 24 Stunden eine Schüssel mit Salz auf. Fort mit euch, schlechte Schwingungen!

MAGISCHER ZAUBERSTAB AUS MINZE UND SALBEI

Für die energetische Raumreinigung und um deinen Geist zu schärfen empfehle ich dir den Klebrigen oder Gelben Salbei. Sein Rauch steigert zugleich deine übersinnlichen Fähigkeiten. Ein weiteres nützliches Kraut ist die Minze. Ein Kranz aus wilder Minze verleiht Strahlkraft, künstlerische Inspiration und seherische Fähigkeiten. Ihr Rauch ist besonders wirkungsvoll und du siehst die Dinge wieder klarer.

Binde getrocknete Minze- und Salbeistängel mit einer mehrfarbigen Schnur zu einem Zauberstab zusammen. Reinige damit vor jedem Ritual, Kartenlegen oder Zaubern dein Zuhause, indem du das obere Ende anzündest und dann vorsichtig damit herumgehst.

KAPITEL

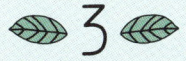3

Heilzauber

Wir modernen Hexen entstammen einer langen Reihe von weisen und heilkundigen Frauen. Die Medizin mit ihren zahlreichen Spezialgebieten, so wie wir sie heute kennen, ist dagegen relativ neu. Lange bevor es Ärzte und Krankenhäuser gab, kümmerten sich Heilerinnen um erkrankte oder verwundete Menschen. Sie halfen bei der Geburt, heilten gebrochene Knochen mit Beinwellumschlägen, stoppten Blutungen mit Schafgarbe und waren, wenn sie gerufen wurden, mit Kräutern, Wurzeltinkturen, Wund- und Heilsalben sowie Tees zur Stelle. Heilen ist eine Kunst und ein wichtiger Teil des praktischen Hexenhandwerks.

Errichte einen Gesundheitsaltar, um deine körperliche Gesundheit und die deiner Lieben zu schützen. Der Altar ist ein geweihter Arbeitsplatz, an dem du eine starke Magie ausüben kannst. Nimm ein viereckiges Stück Stoff in einer Heilfarbe, etwa Grün oder Blau, um es auf den Altar zu legen. Stelle zwei weiße, grüne oder blassblaue Kerzen an die beiden Seiten des Altars. Verbrenne Salbei oder Harz zur Reinigung und schmücke deinen Altar mit Gegenständen, die für Heilung stehen: Kristalle, Früchte, Töpfe mit Heilpflanzen oder ein Gefäß mit aromatherapeutischem Salz. Alles, was du für den Altar auswählst, weckt heilende Kräfte in dir und hilft dir, dich auf deine Heilungsabsichten zu konzentrieren. Je mehr du für Heilzwecke meditierst und zauberst, desto stärker wird dein Altar mit heilender Energie aufgeladen. Sei gesegnet!

LEITFADEN FÜR HEILKRÄUTER

Pflanzen enthalten starke Energien, die du für deine magischen Arbeit verwenden kannst. Achte darauf, auch dein Sternzeichen in die Arbeit mit diesen Pflanzen einzubeziehen, um deren Heilkräfte optimal auszuschöpfen. Nachfolgend findest du eine astrologische Zuordnung der Heilpflanzen.

WIDDER ◆ (21. MÄRZ–19. APRIL)
BEHERRSCHT VOM MARS:
Nelke, Zeder, Kreuzkümmel, Fenchel, Kriechwacholder,
Pfefferminze, Kiefer

STIER ◆ (20. APRIL–20. MAI)
BEHERRSCHT VON VENUS:
Apfel, Gänseblümchen, Magnolie, Eichenmoos, Orchidee,
Tempelbaum, Rose, Thymian, Tonkabohne, Vanille, Veilchen

ZWILLINGE ◆ (21. MAI–20. JUNI)
BEHERRSCHT VON MERKUR:
Mandel, Bergamotte, Klee, Dill, Lavendel, Zitronengras,
Lilie, Minze, Petersilie

KREBS ◆ (21. JUNI–22. JULI)
BEHERRSCHT VOM MOND:
Eukalyptus, Gardenie, Jasmin, Zitrone, Lotus,
Myrrhe, Rose, Sandelholz

LÖWE ◆ (23. JULI–22. AUGUST)
BEHERRSCHT VON DER SONNE:
Akazie, Zimt, Vanilleblume, Muskat,
Orange, Rosmarin

JUNGFRAU ✦ (23. AUGUST–22. SEPTEMBER)

BEHERRSCHT VON MERKUR:

Mandel, Zypresse, Bergamotte, Minze, Muskatblüte,
Moos, Patschuli

WAAGE ✦ (23. SEPTEMBER–22. OKTOBER)

BEHERRSCHT VON VENUS:

Katzenminze, Majoran, Beifuß, Grüne Minze, Wicke,
Thymian, Vanille

SKORPION ✦ (23. OKTOBER–21. NOVEMBER)

BEHERRSCHT VON PLUTO:

Nelkenpfeffer, Basilikum, Kreuzkümmel, Galgant, Ingwer

SCHÜTZE ✦ (22. NOVEMBER–21. DEZEMBER)

BEHERRSCHT VON JUPITER:

Anis, Zedernholz, Geißblatt, Sassafras, Sternanis

STEINBOCK ✦ (22. DEZEMBER–19. JANUAR)

BEHERRSCHT VON SATURN:

Mimose, Eisenkraut, Vetiver

WASSERMANN ✦ (20. JANUAR–18. FEBRUAR)

BEHERRSCHT VON URANUS:

Mandel, Akazie, Zitronatzitrone, Zypresse, Lavendel,
Mimose, Pfefferminze, Kiefer

FISCHE ✦ (19. FEBRUAR – 20. MÄRZ)

BEHERRSCHT VON NEPTUN:

Anis, Katzenminze, Nelke, Gardenie, Zitrone, Florentinische
Schwertlilie, Stechwinde, Edelwicke

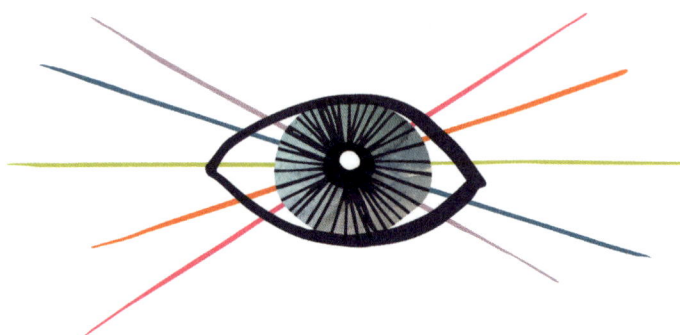

Die Hellsichtigkeit beschwören: Öffne dein drittes Auge

Safran ist das am höchsten geschätzte und teuerste Gewürz der Welt. Die alten Perser glaubten, ihm wohne die Macht inne, den Wind zu beschwören und das Wetter zu ändern. Safran wurde lange eingesetzt, um die Intuition anzuregen und übersinnliche Kräfte zu steigern. Safranwasser wird hergestellt, indem man einen Teelöffel voll Safran mit zwei Tassen kochendem Wasser überbrüht. Tauche deine Hand in das Wasser und benetze dein drittes Auge in der Mitte der Stirn. Sprich dazu:

Ishtar, Athene, Diana, Astarte, ich rufe euch.

Heute Abend bin ich ganz und voller Frieden.

Mit jedem Atemzug inspiriert ihr mich.

Amen.

Nachdem du die Mondgöttinnen und Beherrscherinnen des Übernatürlichen herbeigerufen hast, wirst du einen Blick in die Zukunft werfen können. Übe diese Fähigkeit, und irgendwann wirst du im Voraus wissen, was kommen wird.

44

AUGENZAUBER IN DER DÄMMERUNG

Für die meisten von uns beginnt der Tag, wenn wir unsere Augen öffnen. Wir nutzen die Augen für all unsere verschiedenen Tätigkeiten und für den Blickkontakt mit den Menschen, mit denen wir zu tun haben. Es ist sehr wichtig, sich um die Augen zu kümmern. Kamille, eine von Hexen geschätzte Pflanze, unterstützt deine seherischen Fähigkeiten.

Fülle zwei Säckchen mit jeweils etwa 40 Gramm Kamillenblüten. Nähe die gefüllten Säckchen zu, gib sie in eine Schüssel und übergieße sie mit ¼ Tasse kochendem Wasser. Decke die Schüssel ab und lasse sie 30 Minuten lang stehen. Nachdem alles abgekühlt ist, drückst du das überschüssige Wasser aus den Beuteln und legst diese auf deine Augen. Das wird einen Augen guttun und deine Fantasie anregen. Am besten machst du das in der Dämmerung, aber gönne deinen Augen jederzeit diese Wohltat, wenn sie es brauchen.

EINFACHE KRÄUTERREZEPTE

Die einfachsten Kräuterrezepte haben oft die größte Wirkung und bestehen aus nur einem Kraut. Die alleinige Verwendung verleiht ihm seine Wirkkraft. Tees aus nur einer Heilpflanze bringen deine Kreativität für jedes Vorhaben in Schwung. Ein Rezept für einen sehr inspirierenden Tee:

Koche ½ Liter Wasser und gieße es in deine Lieblingskanne. Gib etwa 15 Gramm von einem der folgenden Kräuter hinein: Rosmarin, Beifuß, Schafgarbe oder Thymian. Zehn Minuten ziehen lassen und durch ein nicht metallisches Sieb, etwa Mull oder Bambus, gießen und mit etwas Honig süßen. Ich empfehle Kleehonig, weil du dann zusätzlich die Glück bringenden Kräfte des Klees bekommst. Trinke diesen Aufguss entspannt in kleinen Schlucken und lasse dich inspirieren.

Zauber gegen Stress

Wenn du dich unwohl, gestresst und erschöpft fühlst oder niedergeschlagen bist, nimm einen Teelöffel voll von einer der Blütenessenzen, die auf der rechten Seite aufgeführt sind. Sprich anschließend diese Worte:

Mögen mich heilen Wurzeln und Blüten pur,

möge sich mein Zustand bessern durch Mutter Natur.

Mögen Schlaf und Stärke zurückkehren zu mir,

gesund und entspannt stehe ich dann vor des Glückes Tür.

Möge niemandem Unheil widerfahren. Amen.

Notiere in deinem Buch der Schatten, welche Kräuter und Blüten bei dir und bei anderen am besten wirken. Es wäre gut, wenn du diese Kräuter anpflanzen würdest, sodass du dauerhaft von ihren wohltuenden Schwingungen umgeben bist.

BLÜTENMEDIZIN DER GRÜNEN HEXENKUNST

Bei der Herstellung von Essenzen werden die spirituellen Kräfte aus Blüten, Edelsteinen und Kristallen gewonnen. Dazu werden sie für einige Stunden in frischem Wasser gelagert, dann wird das Wasser filtriert und mit reinem Alkohol haltbar gemacht. Blütenessenzen kannst du bei folgenden Beschwerden einsetzen:

SUCHT ◆ Helmkraut, Gemeiner Odermennig

WUT ◆ Brennnessel, Blaue Sumpfschwertlilie, Kamille

BEKLOMMENHEIT ◆ Knoblauch, Rosmarin, Espe, Immergrün, Melisse, weiß blühende Rosskastanie, Enzian

TRAUER ◆ Geißblatt

NIEDERGESCHLAGENHEIT ◆ Borretsch, Sonnenblume, Lärche, Kamille, Geranie, Mexikanischer Blattpfeffer, Traubensilberkerze, Lavendel, Senf

ERSCHÖPFUNG ◆ Aloe, Schafgarbe, Olive, Edelkastanie

ANGST ◆ Mohn, Malve, Ingwer, Seerose, Basilikum

HERZSCHMERZ ◆ Stiefmütterchen, Weißdorn, Borretsch

LETHARGIE ◆ Aloe, Thymian, Pfefferminze

STRESS ◆ Dill, Echinacea, Thymian, Mistel, Melisse

SPIRITUELLE BLOCKADEN ◆ Eiche, Ginseng, Gartenbalsamine

Wohltuendes Bad:
Ein befreiendes Ritual

Nach diesem Bad wirst du dich gereinigt und entspannt fühlen. Achte darauf, dass du keine Wunden hast, da Zitrone und Salz dort zu Reizungen führen können. Gib knapp 1 Kilogramm grobes Meer- oder Bittersalz in eine große Schüssel. Füge den Saft von zwei frisch gepressten Zitronen, ½ Tasse Sesamöl und je 4 Tropfen Lavendel- und Jasminöl hinzu. Verrühre alles gut.

Wenn die Badewanne zu einem Drittel mit Wasser gefüllt ist, schütte ein Viertel der Salzmischung unter den Wasserhahn. Atme zehn Mal tief ein und aus und sage dann bei weiter einlaufendem Wasser diesen Spruch:

Befreie mich von allem Unreinen

in meinem Herzen, meiner Seele und meinem Geist.

Ich wünsche mir, erneut ganz zu werden,

Frei von Qual und Traurigkeit,

und erfüllt von allem Guten in mir.

Setze dich in die volle Wanne und atme wieder zehn Mal tief ein und aus. Wiederhole den Spruch, stehe auf und massiere deinen Körper sanft mit dem restlichen Salz. Setze dich wieder hin und bleib etwa 20 Minuten im warmen Badewasser. Schon bald werden Inspiration und Segen zu dir fließen.

7-TAGE-KRÄUTERESSENZ ZUR SELBSTHEILUNG

Zur Ankurbelung deines Immunsystems zerkleinerst du eine Mischung aus je ¼ Tasse Rosmarin, Sandelholz und den Blütenblättern roter Nelken. Gib die pulverisierten Zutaten in einen Krug aus farbigem Glas, in das du eine Tasse Olivenöl extra vergine gegossen hast. Lass das Ganze sieben Tage auf einem sowohl vom Sonnen- als auch vom Mondlicht beschienenen Fensterbrett stehen. Seihe das Öl ab und fülle es in ein lichtundurchlässiges Gefäß. Bewahre es in einem kühlen, dunklen Schrank auf.

Jetzt hast du ein Heilöl, das du für Bäder oder zum Einreiben der Pulspunkte verwenden kannst: Schläfe, Handgelenke, Kniebeugen und die haarlosen Stellen hinter den Ohren. Fühlst du dich ausgelaugt, sollte schon eine Anwendung eine Verbesserung bringen. Verwende das Öl sieben Tage lang hintereinander, um die volle Heilwirkung zu erleben.

ERDZAUBER: ERDUNG DURCH GEFÜHRTE MEDITATION

Menschen, die »im Kopf sind«, ständig telefonieren oder grübeln, sind nicht geerdet. Auch die ständige Reizüberflutung in unserer schnelllebigen, hektischen Welt, Ängste oder Schlafmangel tragen dazu bei. Die Kraft des Elements Erde bringt dich aus einem geistigen »Schwebezustand« wieder in deine Mitte und ins Gleichgewicht. Erde ist der feste Boden unter unseren Füßen, und die Göttin dieses Elements ist Gaia. Erde ist ein Grundelement aus Felsen und Steinen, Boden und Bäumen, Pflanzen und Blumen. Das Beschwören des Elements Erde in deiner rituellen Arbeit hilft dir, ganz bewusst Wurzeln zu bilden, um deine Entschlossenheit zu stärken und ein Fundament für deine Hoffnungen und Träume zu schaffen.

Morgendlicher Zauber mit Lavendelduft

Der Morgen ist die ideale Zeit, um ein Ritual zur Selbstsegnung durch-zuführen, das ebenso gesund ist, wie es dir am Beginn eines jeden Tages ein Gefühl der Gelassenheit vermittelt. Nimm ein Bündel getrockneten Lavendel und gib es in ein Säckchen. Knete den Lavendel in dem Säck-chen drei Mal durch und atme dabei seinen beruhigenden und wohl-tuenden Duft ein. Führe den Beutel über den Körper, vom Kronenchakra bis zu den Füßen, und berühre dabei sanft alle anderen Chakren: das dritte Auge, das Kehlchakra, das Herzchakra, das Solarplexuschakra, das Sakralchakra und das Wurzelchakra. Während du den Lavendelbeutel vor dein Herz hältst, sage:

Fort sind Sorgen, Krankheit und Leid,

denn Weisheit und Gesundheit hier fließen.

Mein Herz ist ganz, und Freude erfüllt meine Seele.

Segen für alle und Segen für mich.

PRAKTISCHER HEXENTIPP
Dein magischer Garten

Pflanze Heide, Weißdorn, Ilex, Hyazinthen, Ysop, Efeu, Kriechwachol-der, Immergrün und Kapuzinerkresse an, um negative Energien zu vertreiben. Für die Heilarbeit kannst du Salbei, Ackersauerklee, Nel-ken, Zwiebeln, Knoblauch, Pfefferminze und Rosmarin anpflanzen. Der Anbau von Pflanzen und die Arbeit mit ihnen sollten sich an den Mondständen orientieren und bei zunehmendem Mond im Zeichen des Stiers stattfinden.

Gaias Erdzauber

Rufe bei mildem Wetter deinen Hexenzirkel zusammen. Vollführt diesen Erdzauber, um eure Dankbarkeit für diesen schönen Planeten auszudrücken, der uns alles Leben schenkt. Bitte alle Teilnehmerinnen, ein langes, farbiges Band und einen Filzstift mitzubringen. Fasst euch bei den Händen, stellt euch im Kreis um die größte Eiche oder den größten Baum der Gegend mit niedrig hängenden Ästen auf und sprecht:

Wir sind die Kinder der Sterne

und sehen die Schönheit dieser grünen Gaia.

Dem Planeten, der uns Leben schenkt,

geben wir die Gabe zurück.

Wir sind eins.

Wir sind die Sterne und die Steine und das Meer.

Wir stammen von dieser Erde ab. Alle seien gesegnet!

Mit euren Stimmen und Handlungen zieht ihr einen magischen Kreis. Innerhalb des Kreises kann Magie stattfinden. Nacheinander spricht jede Teilnehmerin im Kreis einen Wunsch für die universelle Heilung aus, schreibt ihren Wunsch auf ein Band und knotet es an einen Zweig des Baumes. Jeder Windstoß verbreitet die guten Wünsche für unseren Planeten. Wenn ihr auf einem Privatgrundstück seid, könnt ihr die Bänder als Zeichen eines geweihten Raums am Baum hängen lassen.

FÜNF-MINUTEN-MAGIE

WERDE ZUR ALCHEMISTIN: MONDTRUNK

Unabhängig von der jeweiligen astrologischen Konstellation oder Mondphase können Hexentrünke dein Leben verbessern. Tee ist ein sehr mächtiges Mittel, denn mit ihm nimmst du die Magie der Pflanze in dir auf. Für einen aromatischen Trunk, der die Macht hat, jeden Sturm zu besänftigen, fügst du einer Tasse heißem Schwarztee eine Scheibe Ingwerwurzel sowie je eine Prise Kamille und Pfefferminze hinzu. Bitte, bevor du trinkst:

An diesem Tag bitte ich um Ruhe und Gesundheit

und darum, die Schönheit jedes wachen Augenblicks zu sehen.

Segen im Überfluss.

Amen.

Kräutertees können die Seele nähren und den Körper heilen:

BLAUBEERBLÄTTER ✦ verringern Stimmungsschwankungen, gleichen den Blutzuckerspiegel aus und stärken die Venen.

BRENNNESSEL ✦ gibt Energie, stärkt das Immunsystem und enthält Eisen und Vitamine.

FENCHEL ✦ macht munter, verbessert den Atem und die Verdauung.

ECHINACEA ✦ erhöht dein Wohlbefinden, verhindert Erkältungen.

INGWER ✦ beruhigt und heitert auf, ist gut für die Verdauung und den Kreislauf und verhindert Übelkeit.

LÖWENZAHNWURZEL ✦ erdet und zentriert, enthält viele Mineralien und Nährstoffe und reinigt die Leber.

Regenzauber

Stell am ersten Regentag im Frühling zum Auffangen des Regens eine grüne Glasschüssel nach draußen. Hol sie abends herein und stelle sie neben einer angezündeten grünen Kerze auf deinen Altar. Sprich:

Wasser des Lebens, Geschenk des Himmels,

wir baden mit befreitem Geist in neuer Energie.

Benetze deine Stirn mit dem Regenwasser und denke über den Beitrag zur Heilung nach, den du und dein Garten dank des Regens leisten. Gieße das Wasser in den Garten und sage dabei erneut den Spruch.

GEHMEDITATION

Dieses einfache Ritual kannst du täglich durchführen. Nimm dir beim Gehen Zeit, um deine Umgebung wirklich wahrzunehmen. Wenn ich zu Fuß unterwegs bin, sammle ich beispielsweise allen Müll, den ich auf meinem Weg finde. Ich tue es aus Liebe zur Erde. Diese Art der Gehmeditation ehrt die Erde und trägt dazu bei, die Natur und das Leben aller Geschöpfe zu bewahren und zu schützen.

Balsamzauber

Setze an einem trostlosen Tag und bei düsterer Stimmung die Kraft einer Salbe mit Myrrhenöl ein, um Körper und Geist zu beruhigen. Die Wüstenpflanze erzeugt ein Öl, das Sonnenschutz bietet und Feuchtigkeit spendet.

- 4 Tropfen Bergamotteöl
- 4 Tropfen Geraniumöl
- 2 Tropfen Kamillenöl
- 2 Tropfen Myrrhenöl
- 120 ml unparfümierte Bodylotion oder 60 ml Oliven- oder süßes Mandelöl

Mische die ersten vier Öle mit der unparfümierten Bodylotion oder mit dem Oliven- oder Mandelöl. Gründlich durchschütteln und in einem Keramikgefäß mit Korkverschluss aufbewahren. Setze dich nach einem Bad still in einen nur von einer blauen Kerze erleuchteten Raum und creme dich sanft mit dem Balsam ein. Sprich dabei laut:

Wirke deinen Zauber des Heilens und Nährens.

Gesegneter Balsam, vertreib meinen Schmerz.

Unheil für keinen und Gesundheit für alle.

INSPIRATIONSTEE: ZAUBER IN DER TASSE

Dein Morgentee kann zum täglichen Ritual werden, je nach deinem inneren Bedürfnis. Wenn du dich beim Aufstehen niedergeschlagen fühlst, bereite einen Bergamottetee zu. Genieße den wohltuenden Tee schluckweise und spüre, wie sich deine Stimmung hebt, sodass du den Tag mit mehr Schwung in Angriff nehmen kannst. Kräutertees haben heilende und energetisierende Eigenschaften und können deine Stimmung aufhellen. Probiere folgende Tees aus:

BASILIKUM ◆ verleiht Gelassenheit

BERGAMOTTE ◆ löst Negatives auf und gibt Schwung

LAVENDEL ◆ beseitigt Ängste und ermöglicht erholsamen Schlaf

MINZE ◆ schärft den Verstand und das Gedächtnis

ORANGE ◆ erzeugt reine Freude

ROSMARIN ◆ unterstützt körperliches Wohlbefinden

Veränderung durch das Meer: Ritual zum Loslassen

Die griechische Meeresgöttin Eurybia, Tochter der Erdgöttin Gaia, wird angerufen, wenn es um Veränderung und Selbsttransformation geht. Ein Badesegen, der dich entspannt und reinigt, ist ein wunderbares Erlebnis.

Gib für das reinigende Bad knapp 1 Kilogramm grobkörniges Meersalz oder Epsom-Salz in eine große Schüssel. Füge den Saft von 6 frisch gepressten Zitronen, ½ Tasse Sesamöl sowie ein paar Tropfen Rosen- und Jasminöl hinzu. Verrühre alles zu einer Mischung. Du kannst noch etwas mehr Sesamöl hinzufügen, aber nicht noch mehr Zitronensaft, weil deine Haut sonst gereizt werden könnte.

Wenn deine Badewanne zu einem Drittel voll ist, schütte ein Viertel der Salzmischung unter den laufenden Wasserhahn. Atme zehn Mal tief ein und aus, und sage bei weiter einlaufendem Wasser:

Eurybia, o du Harmonische,

du Göttin und Gebieterin, ich erbitte deine Hilfe.

Befreie mich von allen Unreinheiten

in meinem Herzen, meiner Seele und meinem Geist.

Ich öffne mich dir und möchte wieder ganz werden,

frei von Leid und Gram und zentriert auf alles Gute in mir.

Wenn die Wanne voll ist, steigst du hinein und atmest wieder zehn Mal tief ein und aus. Wiederhole das Gebet an die Meeresgöttin und reibe deinen Körper sanft mit dem restlichen Salz ab. Ruhe und regeneriere dich etwa 20 Minuten lang und genieße es, dich unter der Fürsorge der Göttin erfrischt und erneuert zu fühlen.

BEINWELLSALBE FÜR VERSCHIEDENE ANWENDUNGEN

Schon seit Jahrhunderten ist Beinwell bekannt für seine Heilkräfte bei der Behandlung von Brüchen und offenen Wunden. Wegen ihrer Wirkstoffe wurde die Pflanze auch als »Ein-Kräuter-Apotheke« bezeichnet. Beinwell wird von Hexen geliebt und ist vermutlich eines der bekanntesten Heilkräuter. Sein wissenschaftlicher Name »Symphytum« kommt vom griechischen *symphyto*, »zusammenwachsen« oder »verbinden«. Beinwellsalbe kannst du bei Schnittverletzungen, Abschürfungen, Ausschlag, Sonnenbrand und fast jeder Hautirritation verwenden. Sie hilft auch bei Gelenkschmerzen, Verstauchungen und Muskelkater.

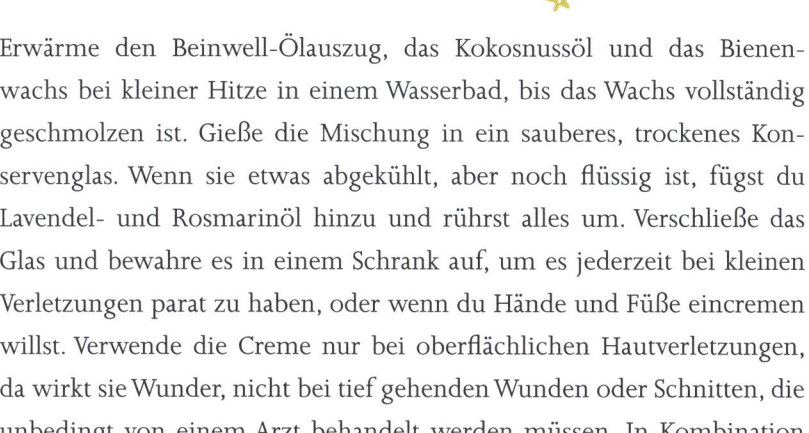

- ¾ Tasse Beinwell-Ölauszug
- ¼ Tasse Kokosnussöl
- 4 Esslöffel Bienenwachs
- 5 Tropfen Rosmarinöl
- 10 Tropfen Lavendelöl

Erwärme den Beinwell-Ölauszug, das Kokosnussöl und das Bienenwachs bei kleiner Hitze in einem Wasserbad, bis das Wachs vollständig geschmolzen ist. Gieße die Mischung in ein sauberes, trockenes Konservenglas. Wenn sie etwas abgekühlt, aber noch flüssig ist, fügst du Lavendel- und Rosmarinöl hinzu und rührst alles um. Verschließe das Glas und bewahre es in einem Schrank auf, um es jederzeit bei kleinen Verletzungen parat zu haben, oder wenn du Hände und Füße eincremen willst. Verwende die Creme nur bei oberflächlichen Hautverletzungen, da wirkt sie Wunder, nicht bei tief gehenden Wunden oder Schnitten, die unbedingt von einem Arzt behandelt werden müssen. In Kombination mit Lavendel und Rosmarin ist Beinwell auch ein Balsam für die Seele.

KAPITEL

❧ 4 ❧

Zauber für romantische Stunden

Liebeszauber werden von allen Zaubereien bei Weitem am meisten nachgefragt. Wir alle durchleben Zeiten, in denen wir ein wenig Hilfe in Herzensangelegenheiten benötigen, und wie viele andere vor mir habe ich meine ersten Erfahrungen im Hexenhandwerk mit Liebeszauber gemacht. Ich war damals 14 und nach meinem ersten Zauber war mein bester Freund das Objekt der Liebeswerbung einer vorher völlig desinteressierten Verehrerin. Seither hatte ich reichlich Gelegenheit, meine Künste in diesem höchst erfreulichen Bereich zu perfektionieren. Ich habe jedes Mal vergnügt beobachtet, wie diese Zauber Liebe und Leidenschaft entfachten oder sie am »Köcheln« hielten. Dank meines frühen Einstiegs habe ich viele Liebeszauber entwickelt, die für die Menschen unglaublich nützlich sind und großes Glück bewirkt haben.

Für die hier beschriebenen Zaubereien habe ich leicht erhältliche Zutaten zusammengestellt. Du wirst nichts finden, das kaum aufzutreiben ist. Hingewiesen sei außerdem darauf, dass ein Liebeszauber nie manipulativ oder bösartig sein darf. Zauberei schafft lediglich die Bedingungen, um die süße Energie der Liebe erzeugen, die ganz und gar positiv ist. Hexerei beruht auf dem Wissen, dass unser Schicksal in unserer eigenen Hand liegt, auch wenn es um die Liebe geht. Warum soll man unter Liebeskummer leiden, wenn man etwas dagegen tun kann? Auf den folgenden Seiten findest du viele Anregungen für magische Aktivitäten, die dein Leben mit Liebe erfüllen.

Weihe deinen Liebestempel

◄•►

Stelle einen kleinen Tisch in dein Schlafzimmer und lege einen Schal oder ein Tuch in strahlendem Rot darauf. Schmücke ihn mit Gegenständen, die für Liebe stehen: rote Kerzen, rubinrote Gefäße, Rosen, eine Statue von Venus oder Adonis, einen herzförmigen Amethyst – was auch immer deine Gefühle und Sinne berührt. Räuchere den Raum mit Salbei, um ihn zu reinigen und für Neuanfänge vorzubereiten. Salbe deine Kerzen mit Neroli-, Gardenien- oder Rosenöl und verbrenne ähnlich duftendes Räucherwerk. Zünde die Kerzen an und sprich laut:

Dieser Raum ist mein Tempel,

mein Liebesaltar.

Ich entzünde die Flamme,

und ich fächle ihr Luft zu.

Jede von mir entzündete Kerze ist ein Wunsch.

Ich begehre und werde meinerseits begehrt.

So ist es.

Herzzauber für die große Liebe

◄•►

Wenn du einen Seelengefährten oder eine Seelengefährtin suchst, verspricht dieser einfache Zauber Erfolg. Stelle dich beim nächsten Neumond mit zwei herzförmigen Rosenquarzen in den Händen in die Mitte deines Schlafzimmers. Entzünde auf deinem Liebesaltar zwei rosafarbene Kerzen und sprich:

Schöne Kristalle in meinen Händen heut,

lasst Liebe entflammen, die mich erfreut.

Schaden für niemanden, wenn die Liebe kommt zu mir,

darum ich bitte, und so sei es hier.

Bewahre die Kerzen und die Rosenquarzkristalle auf deinem Liebesaltar auf. Wiederhole das Ritual an drei Abenden hintereinander und sei bereit für die Liebe.

»KOMM ZU MIR«-LIEBESZAUBER

Mit diesem Zauber kannst du Bilder von deiner großen Liebe heraufbeschwören:

- o 3 Tropfen Rosenöl
- o 3 Tropfen Lavendelöl
- o 3 Tropfen Neroliöl
- o 1/8 l destilliertes Wasser

Gieße die Mischung in einen farbigen Sprühflakon aus Glas und schüttele ihn drei Mal kräftig. Sprühe dein Bettzeug und dein Handtuch leicht ein – 15 Minuten bevor du zu Bett gehst. Lege ein Traumtagebuch auf den Nachttisch, damit du Einzelheiten über deine große Liebe, die bald in deinen Träumen auftauchen wird, aufschreiben kannst.

Liebeskräuterzauber

◂•▸

Viele Hexen genießen eine dauerhafte Liebesbeziehung. Dabei half ihnen der folgende Zauberspruch und eine Liebesspeise. Man mischt etwas Roggen und Nelkenpfeffer darunter, denn beides fördert die Liebe.

Roggen aus der Erde, Nelkenpfeffer voller Feuer,

wenn sie euch essen, bleiben Liebende sich teuer.

Ich serviere euch dem, den ich liebe allein,

und wenn ich das tue, wird sein Herz ganz mein!

Zauber mit fallenden Blättern

◂•▸

Im Mittelalter forderten weise Frauen ihre Kinder auf, nach fallenden Blättern Ausschau zu halten. Wenn man eins mit der Hand auffängt, bevor es den Boden berührt, bringt es Glück, direkt von Mutter Natur. Presse das Blatt und lege es in deinen Geldbeutel. Trage es einige Monate bei dir,

dann bist du vor Unheil geschützt und wirst weitere Geschenke erhalten. Wenn du so gesegnet bist, dass du sogar zwei Blätter fängst, ist das zweite für deine wahre Liebe bestimmt. Dein Gefühl und das Schicksal werden euch zusammenführen.

Teerezept für Liebende

Mit diesem Rezept bereitest du einen Tee zu, der genau die richtige Stimmung für einen romantischen Abend schafft. Verrühre folgende Zutaten im Uhrzeigersinn:

- 30 g getrocknete Hibiskusblüten
- 30 g getrocknete und gemahlene Hagebutten
- 15 g Pfefferminze
- 15 g Zitronenmelisse

Lasse den Tee fünf Minuten lang ziehen, sprich folgenden Zauberspruch und denke dabei an deinen Herzenswunsch:

Kräutertee voller Liebe so heiß,

die ich durch meinen Wunsch zu stärken weiß.

Wenn zwei Menschen ihn gemeinsam trinken,

sie sich voller Sehnsucht in die Arme sinken

wie einst im ewigen Garten der Liebe.

Du kannst die Teemischung in einem Gefäß aus Zinn oder farbigem Glas bis zu einem Jahr lang aufbewahren, bis du sie an einem ganz besonderen Abend verwendest. Gib zwei Teelöffel der Kräuter in eine Tasse und gieße kochendes Wasser darüber. Süße den Tee nach Geschmack mit Honig und genieße diesen köstlichen Trunk gemeinsam mit deiner großen Liebe.

KAMASUTRAKÜSSE: ROMANTISCHE RITUALE

Ein hinreißender Kuss öffnet das Tor zur Ekstase. Er regt die Sinne an, lässt das Herz flattern und bietet das einzigartige Geschenk deiner selbst dar. Hier eine Liste mit Küssen aus dem alten indischen Liebesbuch *Kamasutra*:

GEBOGENER KUSS ◆ Der klassische Filmkuss, bei dem sich die Liebenden innig umarmen.

INTENSIVER KUSS ◆ Nimm eine Lippe deines Herzensmenschen zwischen zwei Finger, streiche mit der Zunge darüber und drücke dann einfühlsam deine Lippen auf seine.

UNTERLIPPENKUSS ◆ Ein Liebespartner reckt sich nach oben und küsst die Unterlippe des anderen mit beiden Lippen.

PULSIERENDER KUSS ◆ Streiche mit der Zunge über die Lippen deines Geliebten und lege deine Hände auf seine.

UMGEDREHTER KUSS ◆ Ein Partner zieht vor dem Kuss das Gesicht der geliebten Person zu sich hoch, indem er sanft ihren Kopf und ihr Kinn hält.

Dies wird ein genüssliches Prickeln auf deine Lippen zaubern und deine Küsse würzen. Der glückliche Empfänger deiner Zuneigung wird hingerissen sein.

Zauberlippen

Seit Urzeiten haben Hexen durch ihre magische Schönheit bezaubert. Der Grund liegt darin, dass wir wissen, wie wir die Gaben von Mutter Natur ergänzen können. Versuche es an einem besonderen Abend mit einem Zauberkuss, indem du auf deinen Lippenstift einen Tropfen Gewürznelkenöl gibst. Sprich dabei drei Mal laut:

Die Frucht so reif,

das Blütenblatt perfekt.

Jeder Kuss ist ein Zauber,

in dem die größte Seligkeit steckt.

Wonnevoller Bettsegen

Weihe dein Bett mit diesem speziellen Zauber: Verrühre in einer roten Tasse ½ Teelöffel Jasminöl mit ½ Teelöffel Rosenöl. Tauche ein Kosmetikpad in dieses Wonneöl. Berühre damit sieben Mal das saubere Baumwolllaken auf deiner Bettseite an den Stellen der sieben Chakren. Sag laut:

In diesem Bett zeige ich meine Liebe.

In diesem Bett teile ich meinen Körper.

In diesem Bett verschenke ich mein Herz.

In diesem Bett sind wir eins.

Hier liegt mein Glück, während ich wonnevoll gebe und lebe.

Gesegnet seien du und ich.

Lege dich jetzt in dein Bett und wälze dich darin. Das ist schließlich sein Zweck!

Ekstase-Elixier

Elixiere sind einfach herzustellende Zaubertränke. Lege einen oder mehrere Kristalle oder Edelsteine für mindestens sieben Stunden in ein Glas Wasser, etwa Karneol, Granat, ungeschliffenen Rubin, rote Koralle, rote Jade, Jaspis, roten Sardonyx, Cuprit, Aventurin-Quarz oder roten Calcit. Kombiniere die Steine nach deinem Gefühl. Wenn du nur ein paar Steine hast, dann ist es so. Das bringt immer noch eine Menge Liebe in ein Glas!

Das Wasser nimmt die Schwingungsenergie und das Wesen des Steins auf. Stelle den Zaubertrunk in die Liebesecke deines Liebestempels oder auf deinen Altar. Entzünde Bernstein-Räucherwerk und eine rote Kerze und sprich laut:

Diese Jade ist meine Wonne, der Granat meine Gunst.

Trinke das sieben Stunden lang gezogene Steinwasser beim Aufwachen. Das belebt deine Lebensenergie; du solltest dich nun zuversichtlich und aufbruchsbereit fühlen.

WONNEWEIN: BEREITE DEINEN EIGENEN BELTANE-TRUNK ZU

Beltane ist für Hexen der sinnlichste aller Feiertage und er wird das ganze Jahr über herbeigesehnt. Hexen feiern Beltane in der allerletzten April-nacht, und sie festen die gesamte Nacht hindurch. Es ist ein Fest zum Schlemmen, Tanzen, Lachen und Lieben. Am 1. Mai stellen die Hexen einen mit Bändern geschmückten Maibaum auf, wenn die Sonne zurück-kehrt. Sie tanzen in bunten Gewändern um ihn herum, um anschließend ein Picknick und ein Mittagsschläfchen abzuhalten.

Bei dieser hitzigen Feier wird süßer Honigwein getrunken. Das ist ein Aphrodisiakum und mit seiner klebrigen Süße eignet er sich hervor-ragend dafür, ihn auf den Körper deines Liebespartners tropfen zu lassen, um ihn dann aufzulecken. Hier mein Spezialrezept für süßen Honig-wein, das über Generationen hinweg von keltischen Hexen weitergege-ben wurde:

Löse unter ständigem Umrühren knapp 1 Liter Honig in 3 ½ Liter heißem Wasser auf. Füge nach Belieben Kräuter hinzu. Ich bevorzuge je einen Teelöffel Gewürznelke, Muskat, Zimt und Piment. Lasse das Ganze fünf Minuten lang köcheln, füge ein Paket Bierhefe hinzu und rühre alles gründlich um. Gib die Mischung in ein großes Gefäß, decke es mit Plas-tikfolie ab und stelle es für sieben Tage zum Gären an einen dunklen Ort. Nun muss die Mischung drei Tage lang im Kühlschrank aufbewahrt werden. Dabei setzen sich die festen Bestandteile am Boden ab. Seihe die Flüssigkeit ab und gieße sie in Glasflaschen, am besten in grüne. Bewahre sie an einem kühlen, dunklen Ort auf. Du kannst den Honigwein jetzt schon trinken, aber er schmeckt noch besser, wenn er mindestens sie-ben Monate lang nachgereift ist. Dann hat es dieser Beltane-Trunk mit 30 Prozent Alkohol in sich!

MAGISCHES MENÜ: REGT DIE SINNE AN

Ich empfehle dir folgende Aphrodisiaka für eure Lust:

- **MANDELN** oder erotisch geformtes Marzipan
- **RUCOLA**, auch »Raketensaat« – muss ich noch mehr sagen?
- **AVOCADO**, von den alten Azteken als »Hodenbaum« bezeichnet
- **BANANEN** und Bananenblüten, die eine phallische Form haben
- **SCHOKOLADE**, ganz zu Recht »Speise für die Götter« genannt
- **HONIG** und Honigwein, mit dem sich Liebende etwa Beltane versüßen

Baumzauber

Das ist ein schöner Zauber, um mithilfe eines kleinen Baums für dich und deine große Liebe Kraft und Gesundheit zu wünschen. Binde aus einem farbigen Band eine Schleife und vergrabe sie zusammen mit einem kleinen Herzsymbol. Darüber pflanzt du das Bäumchen. Wässere seine Wurzeln gut, am besten zusammen mit ein oder zwei Tränen der Liebe. Wünsche dir, dass eure Liebe wächst und gedeiht wie der neu gepflanzte Baum, der bald Wurzeln schlagen und blühen wird. Das erste neue Blatt des Bäumchens presst du in einem mit deiner großen Liebe verbundenen Buch. Solange du deinen Baum liebevoll pflegst, werdet ihr euch blühender Gesundheit und Lebenskraft erfreuen.

Venusritus am Freitag

Der Wochentag Freitag wird von der Venus regiert – kein Wunder, dass die Nacht den Liebenden gehört. Zur Vorbereitung auf eure Liebesnacht nimmst du ein Göttinnenbad. Dafür bereitest du eine der Venus geweihte Zaubermischung zu:

- 6 Tropfen Orangenblütenöl
- 4 Tropfen Jasminöl
- 1 Tasse Sesamöl

Rühre alles sechs Mal mit den Fingern um und wiederhole dabei drei Mal lautlos:

Ich bin die Tochter der Venus und verkörpere die Liebe.

Mein Körper ist ein Tempel der Lust,

und ich bin wunderschön.

Heute Nacht trinke ich genüsslich aus dem Kelch der Liebe.

Gieße die Ölmischung in die Bade-wanne und male dir deine Pläne für die Nacht aus. Wiederhole den Zauberspruch, wenn du aus dem Bad steigst. Trockne dich nicht ab, sondern lasse deinen Körper so trocknen. Das macht dich unglaub-lich sexy und dein Liebespartner wird die Sanftheit deiner Haut anbeten. Der Rest liegt bei dir.

Selbst gemachte Amulette: Geschenke der Liebe

Bastle für Freunde und geliebte Menschen Amulette, und deine guten Absichten werden vielfach und in Fülle zu dir zurückkehren. Fülle dafür kleine Beutel mit Kordelzug, die du am besten selbst genäht hast, mit von dir getrockneten Kräutern.

FÜR TAPFERKEIT ◆ Blüten von Königskerze und Borretsch

GEGEN SCHWERMUT ◆ Brennnessel und Schafgarbe

ZUM ERKENNEN ANDERER HEXEN ◆ Efeu, Gartenraute, Gemeiner Odermennig, Bartgräser und Frauenhaarfarn

FÜR SICHERES REISEN ◆ Beinwell

FÜR FRUCHTBARKEIT ◆ Mistel und Alpenveilchen

ALS SCHUTZ VOR TÄUSCHUNG ◆ Löwenmäulchen

FÜR EINE GUTE GESUNDHEIT ◆ Gartenraute

FÜR ERFOLG ◆ Waldmeister

FÜR JUGENDLICHKEIT ◆ eine Eichel

Diese Amulette sollte man ständig in einer Tasche oder an einem Band oder einer Kette um den Hals bei sich tragen.

ZAUBERKASTEN FÜR LIEBESZAUBER

Indigene, Griechen, Kelten und Ägypter verwendeten magische Kästchen, in denen sie die geweihten Gegenstände für ihre Rituale und Zeremonien aufbewahrten. Im Mittelalter gehörten Kästen für Liebe, Gesundheit, Fruchtbarkeit und den Schutz des Zuhauses zur Zauberei, und auf den Feldern wurden sie für Gedeihen und Glück verwendet. In neuerer Zeit enthalten die sogenannte Hoffnungskästen junger Frauen Zettel mit ihren Wünschen, Plänen und Absichten, aber auch Ritualgegenstände für eine glückliche Ehe.

Mit sehr einfachen Mitteln kannst du dir Zauberkästen basteln. Ein Zauberkasten für Beruf und Karriere sollte Aventurin-Quarz oder Peridot, Patschuli-Räucherwerk, grüne Kerzen und Farn enthalten. In einen Zauberkasten für übersinnlichen Zauber legst du Gewürznelken und Rosmarin sowie einen Amethyst und Quarz. In einen Kasten für die Liebe gehören eine rosa Kerze, rosa Blütenblätter, zwei Stücke Rosenquarz und zwei Kupfermünzen.

PRAKTISCHER HEXENTIPP

Lege einen Lustgarten an

Eine glückliche Beziehung kann wie ein Garten kultiviert werden. Du lässt deine Partnerschaft gedeihen, indem du Pflanzen mit besonderen Eigenschaften anpflanzt: den nachts blühenden duftenden Jasmin für mehr Sinnlichkeit, Lilien für eine dauerhafte Bindung, Rosen für die Romantik. Pflanze bei Neumond in den von Venus beherrschten Zeichen Stier oder Waage Blumen an, die die gegenseitige Hingabe stärken.

Ein Zauber, der süße Träume webt

Ein ruhiger Schlaf und angenehme Träume sind das sicherste Zeichen, dass du deinen inneren Frieden gefunden hast. Ein Zauberkissen sorgt dafür, dass du schön träumst und erholt erwachst. Ruhiger und tiefer Schlaf ist wichtig für deine Gesundheit.

Nimm einen rosafarbenen Kissenbezug aus Satin und fülle ihn mit gut gemischten und getrockneten Rosenblättern, Bergamotte, Eukalyptus und Woll-Thymian. Nähe den Bezug mit violettem Faden zu und flüstere vor dem letzten Stich:

Ich rufe die Mächte der Nacht an, über mich zu wachen,

meine Herzenswünsche zu hören

und die Bedürfnisse meiner Seele zu erfüllen. Danke.

Verknote den letzten Stich drei Mal, küsse das Kissen und schiebe es in den Bezug.

Anziehungszauber

Erzähl mir nicht, dass du noch nie eine kurze, aber intensive Begegnung mit jemandem im Café hattest oder während der Bahnfahrt zur Arbeit lange Blicke mit einem rätselhaften Jemand ausgetauscht hast. Aus Schüchternheit hast du es nicht gewagt, etwas zu sagen, und jetzt besteht deine einzige Hoffnung darin, dass der Zufall euch wieder zusammenführt.

Probiere es mit diesem absolut sicheren Anziehungszauber: Nimm an einem Freitag eine menschenförmige Alraunwurzel oder irgendeine Statue, Fotografie oder Gestalt. Lege sie auf deinen Altar und umgib sie mit rosafarbenen Rosenblättern und roten und rosafarbenen Kerzen. Stelle zwei Trinkpokale mit Rotwein daneben und entzünde die Kerzen vom Venustag Freitag an eine Woche lang jeden Abend. Nimm einen Schluck aus einem der Pokale und sprich:

Lieber Fremder, Herzensfreund,

mögen wir das Glück haben, uns erneut zu begegnen.

Ich grüße dich, vertrautes Wesen,

biete dir diesen Wein an und trinke dir zu,

weil wir uns freudig trafen und freudig trennten

und uns wieder freudig begegnen.

Bald werdet ihr euch wieder gegenüberstehen und in die Augen sehen.

KAPITEL

5

Geld- und Glückszauber

Wir praktizierenden Hexen wissen, dass die am meisten nachgefragten Zauber die Liebe und das Geld betreffen. In den letzten Jahren habe ich beobachtet, dass immer mehr Menschen um Berufs- und Wohlstandszauber bitten. Ich bezeichne das als »heidnische Selbsthilfe«, weil man mit durchdachter Zauberei die Dinge in die eigenen Hände nimmt und positive Veränderungen sowohl auf dem Bankkonto als auch im Beruf bewirken kann. Außerdem kannst du jeden Tag kleinere Veränderungen bewirken: Du kannst zum Beispiel deine Wohnung und dein Büro mit Wohlstand bringenden Kristallen schmücken oder den Tag damit beginnen, einen Reichtumskräutertee aus deinem Garten oder vom sonnigen Balkon zu trinken. Trage an dem Tag, an dem du deinen Chef um eine Gehaltserhöhung bittest, einen Jadering, ein Armband mit Türkisen oder eine Peridot-Halskette. Und natürlich unterstützt ein Geldbad vor dem Weg zur Arbeit deinen Wunsch.

Das von der New-Age-Bewegung viel zitierte Gesetz der Anziehung wurde von uns Hexen übernommen. Uns ist das recht, denn eines der wichtigsten Prinzipien des Manifestierens besagt, dass man umso mehr teilen kann, je mehr man hat, und umgekehrt. Es nützt sicher allen, dass jeder in unseren Gemeinschaften genug hat. Du kannst dein Vermögen schnell vermehren, wenn du dich auf eines der grundlegenden Prinzipien des Wohlstands besinnst: Gib, und dir wird gegeben. Um deine Wohnung mit der Energie des Reichtums zu erfüllen, widmest du ihr einen kleinen Raum, und sei es nur in Form eines Regals, das als Altar des Wohlstands dient.

Bevor du den Altar errichtest, reinigst du den Bereich zunächst mit Salz. Bedecke einen niedrigen Tisch mit grünen und goldenen Altartüchern oder Schals und stelle Kerzen in derselben Farbe darauf. Lade den Altar jeden Tag mit einer Opfergabe energetisch auf, etwa mit Blumen, Jade oder anderen grünen Kristallen, mit goldenen Blumen, duftendem Bernsteinräucherwerk oder münzförmigen Kieselsteinen. Fülle ist mehr als alles andere eine Frage der Geisteshaltung. Indem du eine Energie der Fülle in deiner Wohnung, im Büro und Arbeitsbereich schaffst, manifestierst du Glück für dich und deine Lieben.

Glückssamenzauber

Ein weiterer Wohlstandszauber besteht darin, sieben Samen bei Vollmond sieben Stunden lang auf dem Fensterbrett liegen zu lassen. Ich nehme die leicht verfügbaren Samen von Kapuzinerkresse. Außerdem wachsen sie problemlos und gedeihen unter allen möglichen Umständen. Sammle die vom Mond aufgeladenen Samen ein und halte sie in der Hand, während du diesen Wunschzauber sprichst:

Glück, komm schnell, Glück, sei mir gut,

und mit der Glückssieben sich Gutes in meinem Leben tut.

Pflanze deine Glückssamen ein und halte Ausschau nach den Segnungen, die auf dich herabregnen – etwa ein Geschenk, der Gewinn von Gratisleistungen oder ein unerwarteter Geldfund.

Beim Jupiter: Reichtumszauber

❖

Zünde an einem Donnerstag oder bei Neumond um Mitternacht deine Altarkerze an und verbrenne Räucherwerk aus Weihrauch und Myrrhe. Bringe Jupiter goldene Früchte als Opfergabe dar, etwa Äpfel oder Pfirsiche, und gib ein entsprechendes ätherisches Öl auf dein drittes Auge, etwa Myrrhe, Weihrauch, Apfel oder Pfirsich. Bete laut:

Mit dieser Darbringung biete ich meinen Segen allen.

Jupiter, höchster der Götter, zutiefst verehrt,

du lässt sämtliche Gaben vom Himmel fallen.

Grenzenlos freigebig bist du, hast noch nie etwas verwehrt.

Ich danke dir.

Amen.

Stelle die Kerze an einen feuerfesten, sicheren Platz und lasse sie die ganze Nacht brennen. Du wirst von deinen Lieben, von dir selbst und davon träumen, wie du materielle und spirituelle Reichtümer erhältst.

Neumond und Stellensuche

◄•●•►

Neumond ist eine hervorragende Zeit zum Zaubern, wenn du eine neue Arbeitsstelle suchst. Versuche es mit diesem Ritual. Du brauchst:

- 2 grüne Kerzen
- 2 weiße Kerzen
- 2 goldene Kerzen
- Zimtöl
- 2 Stücke grüne Jade oder andere grüne Steine

Reihe die Kerzen so auf, dass die Farben abwechseln. Salbe die Kerzen mit dem Zimtöl und gibt ein wenig auf die Steine. Zünde die Kerzen der Reihe nach an und wiederhole jedes Mal folgende Worte:

Ich wünsche, dass eine neue Stelle mir sei bestimmt,

drum vollführe ich diesen Zauber, damit man mich nimmt.

Der Neumond gebiert neues Licht so hell

und bringt mir eine neue Arbeit schnell.

Nachdem du alle Kerzen angezündet hast, nimmst du die Steine und ziehst sie einzeln durch die Flamme (achte auf deine Finger). Halte sie dann in deinen Händen und male dir deinen neuen Job aus. Trage die Steine anschließend bei dir. Bis zum nächsten Neumond solltest du eine neue Stelle haben.

PRAKTISCHER HEXENTIPP

Bau dir Wohlstand an

Die folgenden Zutaten können für jeden Zauber verwendet werden, bei dem es um Wohlstand geht: Piment, Mandel, Basilikum, Bergamotte, Minze, Zeder, Zimt, Fingerkraut, Klee, Dill, Ingwer, Sonnenwenden, Geißblatt, Ysop, Jasmin, Myrte, Muskat, Eichenmoosflechte, Sassafras, Eisenkraut, Waldmeister.

Probiere sie einzeln oder als Mischungen, Tinkturen oder Bestandteile deines Räucherwerks aus. Du kannst auch einen Wohlstandsgarten anlegen und einen Wohlstandsaltar mit den Kräutern und Blumen daraus aufladen.

Wunschzauber mit einem Kraftring

Zauberarmbänder sind mit magischen Symbolen geschmückt, welche die Wünsche der Trägerin zum Ausdruck bringen. Trage als Symbol für Wohlstand eine römische Münze und für die Liebe ein Herz. Das kraftvollste magische Mittel für Schutz ist ein reiner, am rechten kleinen Finger getragener Silberring, vor allem, wenn dein Tierkreis- oder Sternzeichen und ein Pentagramm eingraviert sind. Um den Ring mit schützender Kraft aufzuladen, umschließt du ihn mit der Hand, hältst ihn an dein Herz und rufst:

Kraftring, schütze und umgebe mich.

Möge ich gesegnet sein.

MAGISCHER GELDZAUBER: GESCHENK DES BASILIKUMS

Stelle eine durchsichtige, mit Wasser gefüllte Schüssel auf deinen Altar und lege ein paar Blätter Basilikum hinein. Nimm die Blätter am Morgen heraus und lasse sie auf einem sonnigen Fensterbrett trocknen. Berühre mit den Fingerspitzen das Basilikumwasser und dann deine Handtasche, dein Portemonnaie und alles, worin du es aufbewahrst. Fülle etwas von dem Basilikumwasser ab. Sobald die Basilikumblätter getrocknet sind, legst du je eins in deine Handtasche und dein Portemonnaie, um Geld anzuziehen, dich vor Verlusten zu schützen und Diebe abzuwehren. Lege auch ein paar segensreiche Basilikumblätter in deine Schreibtischschublade an deinem Arbeitsplatz, um die Einnahmen deines Arbeitgebers zu erhöhen oder deine Bitte um eine Gehaltserhöhung zu fördern.

ERFOLGSSTEIN CHRYSOPRAS

Der atemberaubende apfelgrüne Chalcedon hat seine strahlende Farbe durch das in ihm enthaltene Nickel. Seine Farbe und Klarheit verleihen dem Chrysopras die Macht, dir Freude, Glück und ein gesteigertes Wahrnehmungsvermögen zu übermitteln. Er stärkt dein Sehvermögen und öffnet dein drittes Auge, fördert deine Wahrnehmung und weckt schlummernde Begabungen. Er speichert Energie, vertreibt Ängste, öffnet den Geist für Neues und beruhigt dich in Zeiten unbequemer Veränderungen. Lege den Chrysopras in einen Traumbeutel neben dein Kissen, damit er dir hilft zu entspannen, ruhig zu schlafen und neue Einsichten zu gewinnen. Der grüne aufmunternde Stein ist auch für das Herzchakra wohltuend. Lege dein Traumtagebuch auf den Nachttisch, in das du all deine beruflichen und finanziellen Ideen schreibst.

Geldmagie: Fülle einen Topf mit Gold

Für mehr Geld füllst du einen Topf zum Teil mit frischem Wasser und stellst ihn bei Neumond oder zunehmendem Mond auf deinen Altar. Zünde eine grüne Kerze an, gieße als Opfergabe eine Tasse Kamillen- und Minzetee in den Topf und rufe:

Ich bitte euch, Götter und Göttinnen alter Tage,

füllt meinen Topf mit Gold und ändert so meine Lage.

Gute Wünsche für alle und für euch allen Segen,

die ihr meine Gesundheit und meinen Wohlstand werdet hegen.

Lasse den Topf während der gesamten Mondphase auf dem Altar stehen. Gieße anschließend das Wasser in deinen Garten und erfülle dein Zuhause mit der Geldmagie.

Stelle deinen eigenen Geldsack her: Manifestationsmagie

Statt hinter Geld und Gut hinterherzulaufen, kannst du sie mit dem Wissen aus alter Zeit auch einfach zu dir hinziehen. Ein grünes Säckchen, das mit Basilikum, Minze, drei Zimtstangen, einer Silbermünze und einem grünen Stein – entweder Peridot oder ein glattes, moosgrünes Stück Jade – gefüllt ist, wäre ideal dafür. Unwissende mögen es für einen Beutel mit Kräutern und Steinen halten, aber jede Hexe weiß, dass dies ein sehr wirksames Instrument ist, um eine kraftvolle Veränderung für dein Leben herbeizuwünschen und das Glück anzuziehen.

Stelle dein Zaubersäckchen bei zunehmendem Mond her, am besten, wenn Sonne oder Mond im Stier, Krebs oder Steinbock stehen. Halte das Säckchen über Zimt- oder Jasminräucherwerk und sprich diesen Zauberspruch, während der Rauch das Säckchen segnet:

Dass der Mond eine Silbermünze ist, kann ich sehen.

Ich trage die Mondmagie in mir, wohin ich werde gehen.

Mein Wohlstand wächst und ich segne alle.

Trage dein Säckchen stets bei dir – bei der Arbeit, beim Einkaufen, auf deinen täglichen Wegen, bei Zusammenkünften. Schon bald werden sich Segnungen über dich ergießen – vielleicht als Geschenk oder als Geld, das du unterwegs findest.

HEXEN-FENG-SHUI

Edelsteine und Kristalle sehen nicht nur wunderschön aus, sie sind auch machtvolle Instrumente, die dir den Weg in ein besseres Leben bahnen können. Edelsteine, Kristalle und Steine werden seit Urzeiten als Amulette, Symbole, Zaubermittel und als magischer Schmuck verwendet und können dein Leben vielfältig bereichern. Im Folgenden beschreibe ich, wie du deine Steine mit übernatürlichen Kräften aufladen kannst.

Wünschst du dir einen neuen Job? Die Magie von Jade-Schmuck wird es richten! Willst du über einen großen Kummer hinwegkommen? Ein Chrysokoll-Zauber wird deine Seele trösten. Gehörst du zur schreibenden Zunft und leidest unter einer Schreibblockade? Dann brauchst du eine Kreativitätsbeschwörung mit einem Kristall.

Strategisch positionierte Edelsteine und Statuen können mithilfe von Kristall- und Edelsteinmagie dabei helfen, die positiven Schwingungen in deinem Umfeld zu verstärken. »Kristall-Feng-Shui« bedeutet, dass du einen Kristall, eine Geode oder einen schön geformten Stein an einen geeigneten Platz in deiner Wohnung legst, um eine Veränderung zu begünstigen. Ein Amethyst etwa fördert Heilung und befreit von aller negativen Energie. Citrine aktivieren Wohlstands- und Kreativitätsschwingungen.

Wenn du mehr Geld anziehen willst, legst du einen großen Brocken Citrin auf die linke Seite deines Schreibtischs, und das Geld wird zu fließen beginnen. Wähle aus dieser Liste von Wohlstandssteinen aus: Heliotrop, Carnelin, Citrin, dendritischer Achat, Diamant, Granat, grüner Peridot, Falkenauge, Moosachat, Rubin, Tigerauge, gelber Saphir.

Zauber bei zunehmendem Mond: Magie zum Anziehen von Geld

Um Geld anzuziehen, füllst du einen großen Topf mit Leitungswasser und stellst ihn bei zunehmendem Mond auf deinen Altar. Gib als Opfergaben folgende Zutaten hinein: eine Tasse Milch, die mit Honig gesüßt und mit gemörserten Nelken versetzt ist, sowie ein paar Handvoll getrocknete Kamille und Minze. Sage laut:

Ich rufe euch an,

Götter und Göttinnen alter Tage,

füllt mein Portemonnaie mit Gold und ändert so meine Lage.

Ich gebe euch Milch und Honig so süß.

Gute Wünsche für alle und für euch aller Segen,

die ihr meine Gesundheit und meinen Wohlstand werdet hegen.

Lasse die aromatische Mischung auf dem Altar stehen, um deine Küche mit der Energie der Fülle aufzuladen. Gehe nach vier Stunden und 44 Minuten hinaus und gieße die Opfergabe in deinen Nutzgarten oder auf die Wurzeln eines Busches. Verbeuge dich nun in Wertschätzung der Güte der Götter und Göttinnen.

Mittelalterlicher Geldzauber mit Minze

Gib ein paar kleine Minzezweige in eine Teekanne und übergieße sie mit kochendem Wasser. Rezitiere dabei diesen vom Mittelalter inspirierten Zauberspruch:

Gepflückt habe ich dich, heilsame Pflanze,

gesegnete Minze, die du alles gibst,

schenke mir Gesundheit und den Mut, zu gehen aufs Ganze,

damit ich Wohlstand erringe, weil du mich liebst.

Amen.

Atme den Duft aus der Teekanne ein und fülle deine Lungen mit dem Geruch des Wohlstands. Wiederhole den Zauberspruch und lasse die Kanne für 24 Stunden bei Sonnenschein und Mondlicht stehen. Dein Denken wird dadurch merklich geklärt, und du wirst innerhalb einer Woche erste Anzeichen für einen Zuwachs an Wohlstand bemerken. Pflanze Minze in deinen Garten oder in Blumentöpfe, sodass du stets eine Quelle starker, positiver Geldenergie zur Verfügung hast.

WEITERE MAGISCHE GELDSTEINE

BERYLL hilft dir, alles Verlorene wiederzufinden – Schlüssel, Schmuck, Geld und sogar Menschen!

JADE wird von den Chinesen außerordentlich geschätzt. Man glaubt seit Jahrtausenden, Jade bringe Glück und Wohlstand.

PERIDOT in einem Ring zieht Geld an und hebt deine Stimmung.

TOPAS verkörpert wahre Liebe und Erfolg, steigert das Selbstvertrauen und die Kreativität, reinigt die Aura, hilft, Negativität zu überwinden, und bringt Freude, Wohlstand und Liebe.

GELBER SAPHIR wird mit Ganesha, dem Hindu-Gott der Fülle und des Wohlstands, verbunden. Er unterstützt den Wissenserwerb.

Geldbad mit Mondmagie

Dieser Zauber ist am wirkungsvollsten, wenn er donnerstagnachts bei Neumond oder Vollmond durchgeführt wird. Tropfe ätherisches Öl von grünem Apfel oder Jasmin in das einlaufende Badewasser und bade im Licht einer einzigen grünen Kerze. Schließe die Augen und denke über deine wahren Wünsche nach. Was bedeutet dir persönlicher Reichtum? Wenn du dir Klarheit verschafft hast, konzentriere dich auf die Kerzenflamme und flüstere:

Ich weiß jetzt, was meine Ziele sind.

Glück strömt mir zu und die Erfüllung meiner Wünsche beginnt.

Unheil für keinen und Fülle für alle

und allgemeiner Segen in jedem Falle.

Angst vertreiben

Um die Angst vor einer öffentlichen Rede zu überwinden oder sich auf ein Vorstellungsgespräch, einen Auftritt oder die Bitte um eine Gehaltserhöhung vorzubereiten, kannst du einen Erfolgsstein nutzen – etwa Peridot, Jade, Citrin oder einen der anderen in diesem Kapitel aufgeführten Steine. Setze dich mit überkreuzten Beinen auf den Boden und atme neun Mal tief durch. Nimm den Stein in die Hand und sprich:

Das, was vom Himmel kommt, soll in mich fließen,

bis ich wie der Vollmond ganz erfüllt bin mit Licht.

Und so wandle ich lichtvoll, kann das Strahlen genießen,

fort sind die Ängste, die habe ich nicht.

Wiederhole dies mindestens sechs Mal, bis du spüren kannst, dass die Energie des Steins in dich strömt. Und nun gehe und siege!

Schüssel der Fülle: Hausmagie

Eine innere Haltung der Fülle verleiht dir geistige Großzügigkeit, die dein Leben bereichert. Würdige, was du bereits hast – das ist der einfachste Weg dorthin.

Stelle eine große grüne Glasschüssel auf einen Tisch im Flur oder an einen Platz, an dem du vorbeigehst, wenn du deine Wohnung betrittst. Stelle eine grüne Kerze daneben, zünde sie an und rezitiere drei Mal:

Grüne Schüssel, so gnadenvoll dort,

bring Wohlwollen und Geschenke an diesen Ort.

Dieses Geld wird zunehmen mehr und mehr,

fülle für alle, das wünsch ich mir sehr.

Amen.

Gib jedes Mal, wenn du nach Hause kommst, alles Kleingeld aus deinen Taschen und dem Portemonnaie in die Schüssel. Du wirst erstaunt sein, wie schnell die Münzen mehr werden. Gönne dir immer, wenn die Schüssel voll ist, von der Hälfte etwas Schönes und spende die andere Hälfte einer Wohltätigkeitsorganisation, etwa einem Obdachlosenheim oder einem Frauenhaus. Dadurch wächst deine geistige Großzügigkeit und kehrt wie alle Energie zehnfach zu dir zurück.

JOURNAL

KAPITEL
✦ 6 ✦

Magische Sprüche
für ein glückliches Zuhause

Dein Zuhause sollte dein Refugium, deine sichere Zuflucht und ein angenehmer Rückzugsort sein. Schon beim Betreten der Wohnung solltest du ein Gefühl der Geborgenheit, des Wohlbehagens und der Entspannung empfinden. Es gibt viele große und kleine Dinge, die du dafür tun kannst und die einen großen Unterschied machen, wie du dich in deinem Zuhause fühlst.

Erhöhe die Freude über deine Wohnung, und all die Ideen, Zaubereien und Hexen-Feng-Shui-Tipps in diesem Buch helfen dir dabei. Probiere so viel wie möglich davon aus und mache dir Notizen über deine magische Arbeit in deinem Buch der Schatten, damit du beim Nachlesen erkennen kannst, was für dich geeignet ist. So habe ich beispielsweise festgestellt, dass Neumond im Steinbock und in der Jungfrau Kraftphasen für mich sind, obwohl das meinem Mondzeichen nicht entspricht. Probiere aus, welche Mondphasen und -zeichen für dich und deine Hexerei und Rituale optimal sind, welche Kräuter und ätherischen Öle die beste Heilkraft für dich und deine Lieben haben, welche Kristalle und Edelsteine deinem Zuhause eine Atmosphäre der Sicherheit und Ausgeglichenheit verleihen und vor allem, was dich zu Hause am glücklichsten macht. Nutze dieses Wissen, um Behaglichkeit und Wohlgefühl herbeizuzaubern.

Glückszaubertrank für ein Freude spendendes Zuhause

Wenn du die Wohnung anderer Leute betrittst, kannst du allein schon durch den Geruch fast augenblicklich erkennen, wie glücklich die dort Wohnenden sind. Wenn es nach Schokoladengebäck oder frisch gebackenem Apfelkuchen riecht, kommst du vermutlich gern wieder zu Besuch. Der Duft eines Blumenstraußes aus Lilien oder Rosen deutet auf Bewohner hin, denen ein den Augen und der Nase schmeichelndes Zuhause wichtig ist. Es gibt vieles, was man für eine positive Atmosphäre tun kann. So heitert die folgende Mischung aus ätherischen Ölen alle Hausbewohner auf:

- o 4 Tropfen Bergamotteöl
- o 4 Tropfen Lavendelöl

- o 2 Tropfen Neroliöl
- o 2 Tropfen Rosmarinöl

Gieße 1 Liter destilliertes Wasser in eine saubere Sprühflasche, gib die Öle hinzu, schüttle alles und sprühe in die Luft. Sprich dabei laut:

Finsternis und Verderben, hinfort!

Positive Energien sollen herrschen an diesem Ort.

Willkommen, ihr lieblichen Geister in diesem Haus,

behütet uns vor Unheil, werft alles Böse hinaus.

Einweihungszauber

Wenn du eine neue Wohnung beziehst, kannst du einen mit grünen und braunen Bändern geschmückten Kranz aus getrocknetem Hopfen oder Eukalyptus über die Eingangstür hängen und einen zweiten über die Tür, die in den Garten führt, falls es eine gibt. Gehe mit einer braunen Kerze in einem Opferglas und aromatischem Zimträucherwerk durch die beiden Türen und sprich dabei:

Zuhause meines Körpers, ich nehme deinen Schutz an.

Zuhause meines Herzens, ich empfange deine Segnungen

und ich bin bereit für die Freude.

So ist es und so soll es sein.

Raumreinigungsritual

Um zaubern zu können, musst du zunächst Störendes beseitigen. Vertreibe durch diesen Zauber alte, negative Energien aus deinem Haus: Bereite einen Pfefferminztee aus getrockneten Kräutern. Sobald er abgekühlt ist, tauchst du deine Finger hinein und segnest alle Räume damit, während du sagst:

Dieser Raum ist mein,

beseelt vom Göttlichen allein.

Möge die Magie alle negativen Energien vertreiben

und dafür sorgen, dass nur die positiven bleiben.

Neumond für Veränderungen

Die beste Zeit für große Veränderungen, den Beginn eines neuen Projekts oder eine gründliche energetische Reinigung der Wohnung ist Neumond. Säubere alle Räume, wasche die Bett- und Tischwäsche, Handtücher und Vorleger, wische die Böden, entsorge Wertstoffe, räume deinen Schreibtisch auf, entledige dich aller Dinge, die du nicht mehr brauchst, und sortiere alles andere wieder ordentlich ein. Sammle Spielzeug oder andere herumliegende Gegenstände in Körben. Entrümple deine Schränke und ordne die Dinge, die du behalten willst.

Lade danach bei Neumond andere Hexen ein. Bitte jede, Essen und einen kleinen Gegenstand zur Segnung deines Heims mitzubringen – Kristalle, Blumen, Muscheln, Kerzen oder andere geeignete Opfergaben für deinen Altar. Bereite folgende Dinge für die Reinigung deiner Räume vor:

- o 1 blaue Schüssel mit frischem Wasser
- o 1 Napf mit Meersalz
- o 1 weiße und 1 blaue Kerze
- o ätherische Öle von Zitrone und Rose
- o Salbei und Lavendel zum Räuchern

Bitte deine Gäste, gemeinsam mit dir alle Räume mit dem Salz, dem Räucherwerk, der Kerzenflamme und dem Wasser zu reinigen und dabei diesen Zauberspruch zu sagen:

Wir reinigen diesen Raum

mit der Kraft des Wassers,

dem makellosen Odem der Luft,

der läuternden Hitze des Feuers

und der stabilisierenden Energie der Erde.

Salbe jede Tür und jedes Fensterbrett mit dem Öl, um alles Negative abzuwehren. Sprich dabei:

Möge die Göttin dieses Haus segnen

und es heilig und sicher machen,

sodass nichts außer Liebe und Glück

über die Schwelle dieser Tür schreitet.

Nachdem ihr durch alle Räume gegangen sind, bittest du jede Hexe, ihren Segnungsgegenstand auf deinen Altar zu legen. Setzt euch dann an den Tisch, verzehrt die Speisen, füllt die Gläser mit Bier, Wein oder Honigwein und bedankt euch für diese Fülle.

BLUMENSCHUTZZAUBER ZUM NEUMOND

Für ein schützendes Blumengebinde benötigst du folgende frische Blumen: Nelken, Alpenveilchen, Ringelblumen, Rosen und Löwenmäulchen. Es eignet sich hervorragend, um den Weg für alles Neue in deinem Leben frei zu machen und spirituelle Samen für Neumondanfänge zu legen. Du kannst auch einen Kranz mit getrocknetem Lavendel, Salbei und einigen Knoblauchzwiebeln binden – zum Schutz und um sicherzustellen, dass deine neuen Pläne nicht schiefgehen.

Gib die Blütenblätter bei Neumond in eine Schüssel, und tropfe etwas ätherisches Geranium-, Nelken- und Zimtöl darauf. Stelle die Mischung einen vollen Mondzyklus lang auf die Südseite deines Altars. Mit ein paar Tropfen der erwähnten Öle kannst du den Schutz auffrischen. Nach ein paar weiteren Mondzyklen kannst du die Blütenblätter in deinem Garten verstreuen, wo ihre Energie dich und deine Lieben weiter beschützen wird.

Zaubergarten: Ort für eine Verwandlung

Du kannst symbolisch in deinem Garten oder in einem Blumenkasten Verwandlung in dein Leben pflanzen. Nimm eine Handvoll Bohnensamen und lade sie auf, indem du sie bei Neumond auf deinen Altar legst. Pflanze sie ein, nachdem du diesen Spruch gesagt hast:

Ich pflanze diese Saat des positiven Wandels ein.

Wenn sie wächst, wird Glück für alle sprießen.

Aus diesem Boden kommt jegliche Fülle, die wir genießen.

Geisterjagd: Zauberhafter Ökoreiniger

Mit dieser Mischung verschwindet jeder Geist aus dem Haus. Du brauchst:

- 1 Liter warmes Wasser
- 1 Teelöffel Natron
- 1 Teelöffel flüssige Olivenölseife
- 3 Tropfen Zitronenöl
- 2 Tropfen Nelkenöl

Vermische die Zutaten gründlich in einer Schüssel. Du kannst die Mischung auch mit dem nächsten Zauber aufladen. Gib die Flüssigkeit in eine saubere Sprühflasche und sprühe sie in jedes Zimmer. Füge bei einer besonders schwierigen Aufgabe 1 Tasse weißen Branntweinessig hinzu.

Zauber für gute Haushaltsführung

Vor besonderen Zusammenkünften oder immer, wenn du sowohl physisch als auch spirituell eine gründliche Reinigung durchführen möchtest, stellst du den Ökoreiniger noch in der Schüssel auf deinen Altar. Zünde eine weiße Kerze an und sprich:

Mein Zuhause ist als Tempel aus Liebe und Licht gedacht.

Ich fülle es nun mit Frieden und Schönheit für diese Nacht.

Mögen alle, die betreten diesen Tempelraum,

Lachen, Freude und Anmut verbreiten wie in einem Traum.

Gesegnet seien alle. Amen.

Eimerweise Freude bringender Fußbodenreiniger

Ein schwerwiegendes Gesundheitsproblem hat mir klargemacht, dass ich alle Giftstoffe und schädlichen Chemikalien aus meinem Umfeld entfernen muss. Ich kann allen im Namen ihrer kostbaren Gesundheit nur ans Herz legen, das eigene Zuhause von Giften frei zu halten. Zudem herrscht in frisch mit Zitrone, Lavendel, Minze und angenehm duftenden natürlichen Ölen gereinigten Räumen eine wunderbare Atmosphäre. Du brauchst:

- 1 Bündel oder 1 Tasse frische Minze
- 4 ausgepresste Zitronen
- 4 Tropen Lavendelöl
- 3 Salbeiblätter
- 3 Zimtstangen
- 1 Liter Apfelessig

Gieße 1 Tasse heißes Wasser in eine Schüssel. Gib die Minzeblätter, $\frac{1}{2}$ Tasse Zitronensaft, das Lavendelöl, die Salbeiblätter und die Zimtstangen dazu und lasse alles 30 Minuten lang ziehen. Fülle nun einen sauberen Eimer mit 7 $\frac{1}{2}$ Liter warmem Wasser und dem Apfelessig. Gieße die Kräutermischung durch ein Sieb in den Eimer und verrühre alles mit einem Holzlöffel. Tauche einen neuen Mopp in den Eimer, wringe ihn aus und reinige den Boden gründlich. Sage dabei diesen Zauberspruch auf:

Willkommen in diesem Haus ist allein die Freude.

Dunkle Energien und alles Schlechte – hinaus aus dem Gebäude!

Kommt herein, Zufriedenheit und Fröhlichkeit,

dies Haus ist nun glücklich und befreit für alle Zeit.

Gesegnet seien alle, die ich willkommen heiße.

FÜNF-MINUTEN-MAGIE
DIE SEGNUNGSSCHÜSSEL

Ich empfehle dir, diesen Zauber mindestens einmal im Jahr durch-
zuführen, da er dein Zuhause mit heiterer Gelassenheit erfüllt und
die Segnungen in deinem Leben sichtbar macht. Zünde eine mit
deinem Lieblingsöl eingeriebene Kerze in einer Schüssel an und
setze dich in einer bequemen Position davor. Umgib dich mit
deinen Lieblingskristallen. Ich selbst wähle Vanille- und Johan-
niskrautöl sowie Rosenquarz und Amethyst. Denke über die Segnungen und Geschenke in deinem Leben nach. Wofür bist du in
diesem Moment dankbar? Es liegt eine mächtige Magie darin, zu
erkennen, was man alles besitzt, und eine Haltung der Dankbarkeit einzunehmen. Atme fünf Minuten langsam und tief ein und
aus. Während du meditierst, sende die positive Energie in deine
Kristalle und in die Flamme der Kerze. Jetzt sind die Segnungen in
der Schüssel und stehen dir jederzeit zur Verfügung.

Ein behagliches Zuhause zaubern

Bereite diese Kräutermischung zu, wenn du das Bedürfnis hast, deine Wohnung und dein Herz mit positiver Energie aufzuladen. Sie schützt dich und deine Lieben vor schädlichen äußeren Einflüssen und löst Verhexungen auf. Du brauchst dafür:

- $1/4$ Tasse Rosmarin
- $1/8$ Tasse Salbei
- $1/8$ Tasse Zeder
- 1 Teelöffel zerkleinertes Basilikum
- 1 Teelöffel Dillsamen
- 1 Teelöffel Kriechwacholderbeeren
- 4 Gewürzlorbeerblätter

Mische die Zutaten mit den Händen. Schließe dabei die Augen, und stelle dir dein Zuhause als geweihten, durch einen Ring aus strahlend weißem Licht geschützten Ort vor. Stell dir vor, wie das Licht durch dich hindurch in die Kräuter strömt und sie mit der Energie der Sicherheit, des Schutzes und der Geborgenheit auflädt. Gib nun die Kräuter in einen Topf mit köchelndem Wasser. Während der aromatische Duft aufsteigt, sagst du:

Diesen Wohlgeruch habe ich gewählt,

damit er meine Gelassenheit stählt.

Durch meinen Willen dieser Zauber entfaltet seine Kraft,

mit der Kräuter Magie uns alles Üble vom Leibe schafft.

Unheil für keinen und Gesundheit für alle,

das wünsche ich in jedem Falle.

Schutzzauber für dein Zuhause

Um dein Zuhause zu weihen und es in eine Schutzzone zu verwandeln, gib eines der folgenden ätherischen Öle auf den Rahmen der Eingangstür: Zimt, Nelke, Drachenblut oder Myrrhe. Gib auch ein wenig Öl auf alle anderen Tür- und Fensterrahmen. Zünde weiße geweihte Kerzen an und stelle sie an die Fenster. Rezitiere dann folgende Worte:

Mein Zuhause ist mein Tempel.

Hier lebe und liebe ich,

sicher und geschützt,

von oben wie von unten.

Durch Magie ist dies besiegelt.

KAPITEL

❧ 7 ☙

Kerzenzauber

Jeder, der mich kennt, weiß, dass bei mir immer mindestens eine Kerze brennt. Sobald ich mein Haus betrete, wähle ich eine passende Kerze für den Tag aus, auch wenn es bloß um ein wenig »Ich-Zeit« zum Entspannen und Lesen geht. Selbst dafür gibt es Kerzen! Am Wochenende bereite ich Kerzen für Rituale, für zu Hause und als Geschenke vor. Ich liebe es, neue Kombinationen von ätherischen Ölen für unterschiedliche magische Zwecke einzusetzen. Durch die kontinuierliche Arbeit von uns Hexen ist die Beliebtheit von Kerzen so groß wie nie zuvor.

Viele Menschen verwenden Kerzen zur Entspannung, Meditation und Aromatherapie. Kerzen können eine kraftvolle Magie ausüben. Das kannst du feststellen, wenn du beobachtest, wie Kerzenlicht einen dunklen Raum verwandelt und mit der Energie magischen Lichts erfüllt. In diesem Kapitel findest du zahlreiche Tipps für deine magische Kunst. Schreibe in deinem Buch der Schatten auf, welche Wirkung deine Arbeit mit Kerzen jeweils hat. So wirst du mit der Zeit erkennen, welche Farben, Kräuter, Öle und Mondphasen dir die besten Ergebnisse liefern.

Kerzen enthalten vier elementare Energien:

FEUER

Die Flamme lodert und
sprüht Funken.

LUFT

Der Sauerstoff nährt
die Flamme und facht
sie an.

ERDE

Das feste Wachs formt die
Kerze.

WASSER

Das geschmolzene Wachs
entspricht dem flüssigen
Element.

WIE MAN EINE KERZE AUFLÄDT

Eine Kerze aufladen bedeutet, sie mit einer magischen Absicht zu erfüllen.
Sie transportiert diese Absicht dann durch alle vier Elemente hindurch
zum Himmel hinauf und erfüllt die Luft mit deiner Magie. Ritualkerzen
werden je nach deiner Absicht ausgewählt, du kannst rituelle Symbole
einritzen und sie mit einem ätherischen Öl salben.

Wunscherfüllung durch Kerzenweihung

Schreibe deinen Wunsch auf und sage laut:

Ich weihe diese Kerze im Namen von [Lieblingsgöttin nennen].

Möge diese Flamme meinen Weg mit dem Element Feuer erhellen.

Zünde die Kerze an und sprich:

Gesegnete Kerze, Licht der Göttin,

ich entzünde dieses Licht von [Name der Göttin].

Höre mein Gebet, o [Name der Göttin], vernimm meine Bitte.

Erfülle meinen Wunsch und gib mir Hoffnung.

Tu dies mit all deiner Gnade

und mit magischer Schnelligkeit.

Lese deinen Wunsch noch einmal, dann rollst du das Blatt zusammen und versiegelst die Rolle mit ein paar Tropfen Wachs von deiner Wunschkerze. Lege die Papierrolle auf den Altar oder an einen Platz, an dem sie unbeschadet liegen bleiben kann, bis dein Wunsch erfüllt wurde.

MAGISCHE ENTSPRECHUNGEN DER KERZENFARBEN

Farben sind eine Form von Energie und jede hat ihre eigenen Schwingungen. Mithilfe von Farben verstärkst du die Wirkung deines Kerzenzaubers energetisch.

BRAUN ◆ Weisheit der Tiere, Erdung, Heilung.

DUNKELBLAU ◆ Veränderung, Flexibilität, das Unbewusste, übersinnliche Kräfte, Heilung.

GELB ◆ Mentale Kraft und Vision, Intelligenz, klares Denken, Lernen, Selbstbewusstsein, Wohlstand, Fülle, Hellsehen, Überzeugungskraft, Weisheit, Charisma, gesunder Schlaf.

GOLD ◆ Sonnenmagie, Geld, Anziehung, Astralwelt.

GRAU ◆ Neutralität, ausweglose Situation, Löschung.

GRÜN ◆ Geld, Wohlstand, Wachstum, Glück, Berufschancen, Gartenbau, Jugend, Schönheit, Fruchtbarkeit.

HELLBLAU ◆ Geduld, Zufriedenheit, Überwindung von Schwermut, Ruhe, Verständnis.

LILA ◆ Heilung, Ehrgeiz, geschäftlicher Erfolg, Stressabbau, Kraft.

ORANGE ◆ Anziehung, Erfolg bei Rechtsstreitigkeiten, Wandlungsfähigkeit, Ansporn, Unterstützung, Ermutigung.

ROSA ◆ Liebe, Treue, Freundschaft, Güte, Zuneigung.

ROT ◆ Stärke, Schutz, Vitalität, Sexualität, Leidenschaft, Mut, Kraft, Liebe, Gesundheit.

SCHWARZ ◆ Verbannend, Vertreibung von Negativem, Heilung schwerer Erkrankungen, Anziehung von Geld.

WEISS ◇ Reinigung, Frieden, Schutz, Wahrheit, Bindung, Ehrlichkeit, Gelassenheit, Reinheit, Zufriedenheit, Spirit.

Sobald dir deine Absicht klar ist, reinigst du deine Kerzen energetisch, indem du sie durch den klärenden Rauch von Salbei oder Weihrauch führst. Lade sie auf, indem du ein Symbol oder ein Siegel in das Wachs ritzt. Dafür erwärmst du die Spitze deines rituellen Messers in der Flamme einer anderen Kerze. Mit den magischen Zeichen oder Worten, die du in deine Kerze ritzt, lädst du sie mit Energie und deiner Absicht auf.

Als Nächstes solltest du deine Kerzen mit einem bestimmten Öl salben. Jedem ätherischen Öl wohnt die Kraft der Pflanzen und Blüten inne, aus denen es gemacht wurde. Durch die Kräfte der ätherischen Öle erhöhst du die Wirksamkeit deines Zaubers. Um deine geistige Klarheit zu stärken, salbst du deinen Scheitel oder dein drittes Auge. Indem du deine Ritualgegenstände – hier die Kerzen – und dich selber salbst, verdoppelst du die Energien.

Kerzenmeditationszauber

Eine weitere hervorragende Möglichkeit, in seine Mitte zu kommen, ist eine Meditation vor einer brennenden Kerze. Konzentriere dich dabei auf die Flamme, rücke dein Sein und deine Wahrnehmung ins Zentrum. Auf diese Weise kannst du neue Einsichten über dein Leben erlangen.

Stelle eine Kerze auf deinen Altar, um einen zentralen Punkt zu schaffen. Zünde dein Lieblingsräucherwerk an. Ich finde, dass Nag Champa sofort jeden Raum weiht und eine heilige Aura erzeugt. Ritze mit der Spitze deines Bolline erst deinen Namen in die Kerze und dann deinen Wunsch. Entzünde die Kerze und sprich:

Diese Kerze brennt für mich.

Mit ihr brennt meine Hoffnung, dass [sage, was du dir erhoffst].

Hier lodert die Flamme der Erkenntnis.

Möge ich in ihrem neuen Licht Klarheit gewinnen.

Setze dich mit geschlossenen Augen für ein paar Minuten hin und stell dir vor, wie du deine tiefsten Hoffnungen und wahrsten Wünsche verwirklichst. Dadurch legst du dein Ziel fest. Stell dich in Gesellschaft von Menschen vor, die dich inspirieren und lehren, die neue Einsichten und Licht in dein Leben bringen. In schwierigen Zeiten oder bei Veränderungen kannst du mehrere Tage hintereinander über dein Ziel meditieren, bis die Kerze vollständig heruntergebrannt ist.

Entscheidungsfindung mit dem Pendel

Viele Hexen tragen ständig ein Pendel als Entscheidungshilfe bei sich. Ich sehe häufig Pendel über Waren auf Bauernmärkten oder den Speisekarten in Restaurants schwingen. Inzwischen sind sie überall zu erwerben, aber ein liebevoll selbst hergestelltes Pendel enthält mehr persönliche Energie. Nimm dazu eine feste Schnur oder einen dünnen Lederstreifen und binde einen Ring, Edelstein oder Kristall daran.

Nimm bei Neumond ein Bündel Salbei, zünde ein Ende an und lasse den reinigenden Rauch über dein Pendel ziehen. Trage das Pendel sieben Tage lang um den Hals. Zünde jeden Abend schwarze Kerzen auf deinem Altar an, um negative Energien zu neutralisieren. Halte dein Pendel ganz ruhig und singe dabei:

> Führe mich auf der Wahrheit Pfade,
>
> Göttin, erhöre meinen Gesang an diesem Tag.
>
> Dieses Pendel mit meiner Energie ich lade,
>
> damit ich Falsch von Richtig zu unterscheiden vermag.
>
> Amen.

Am siebten Tag kannst du damit anfangen, deinen neuen Ritualgegenstand zu nutzen. Immer, wenn du vor einer Entscheidung einen Rat brauchst, befragst du das Pendel und beobachtest seine Bewegung. Lege vorher fest, welche Richtung für dich »Ja« bzw. »Nein« bedeutet.

GUTE SCHWINGUNGEN:
CHAKRAMAGIE

Das Entzünden von Kerzen in bestimmten Farben ist eine einfache und direkte Form der Magie. Das Farbspektrum entspricht sieben Grundschwingungen, die auch die Tonleiter bilden und zugleich das aus sieben Schwingungen bestehende Fundament unseres Chakrasystems ausmachen. Die »leichtesten« Schwingungen befinden sich oben und die »schwersten« unten. Das Farbsystem setzt sich aus sieben Farben zusammen, die man auch im Regenbogen sehen kann: Rot, Orange, Gelb, Grün, Blau, Indigo und Violett. Man kann daraus ein Akronym bilden, das wie ein Name klingt: Rog G. Biv.

Der Umgang mit Farben kann dir täglich auf einfachste Weise helfen. Trage bei Niedergeschlagenheit Gelb, um dein Energieniveau anzuheben. Wenn du deine Kollegen bei einem geschäftlichen Termin beruhigen möchtest, ziehe Kleidung in den Erdfarben Braun oder Grün an. Du kannst auch unterschiedliche Kombinationen ausprobieren. Wichtig ist nur, dass du deine eigenen Seelenfarben findest.

CHAKRA	FARBE	EIGENSCHAFT
Erstes, Wurzel (Damm)	ROT	Sicherheit, Überleben
Zweites, Sakral (Unterbauch)	ORANGE	Freude
Drittes, Solarplexus	GELB	göttliche, persönliche Kraft
Viertes, Herz	GRÜN	Fülle, Liebe, Gelassenheit
Fünftes, Hals	BLAU	Kreativität, Originalität
Sechstes, Stirn	INDIGO	Intuition, Wahrnehmung
Siebtes, Scheitel	VIOLETT	Gnade, alles ist eins

Heilende Kerzenmagie

Manchmal möchtest du als Hexe nicht anwesenden Personen mit einem Zauber helfen. Du kannst dafür einen eigenen Altar aufbauen, den du der betreffenden Person widmest. Du kannst ihr auch bestimmte Kerzen weihen. Beginne damit, zwei gelbe Altarkerzen aufzustellen, eine im Nordosten und eine im Nordwesten. Zünde sie an. Gelb repräsentiert die Leben spendende Sonne. Stell drei rote Kerzen an die Ostseite des Altars und eine orangefarbene Kerze an die Westseite. Die roten Kerzen stehen für Gesundheit und Stärke, während die orangefarbene Kerze den Weg zu Optimismus und Ermutigung weist. Zünde die orangefarbene Kerze an und konzentriere dich darauf, für die andere Person Gesundheit und Wohlbehagen anzuziehen. Entzünde schließlich alle drei roten Kerzen und denke an Lebenskraft und einen erhöhten Energiefluss, während du sagst:

Kraft des Lichts und Kraft der Liebe,

das Feuer brennt und wir gesunden.

Unheil für keinen und Segen für alle.

FÜNF-MINUTEN-MAGIE

ZAUBER ZUR BEWUSSTSEINSSCHÄRFUNG

Wenn der Neumond in einem Luftzeichen steht – Wassermann, Zwillinge oder Waage – entzündest du Lavendel- und Sandel-holz-Räucherwerk sowie eine weiße Kerze und zwei blaue Ker-zen. Sprich:

Geflügelter Merkur, Götterbote,

bitte lass mich in aller Schärfe sehen und wahrnehmen.

Beschleunige meinen Weg wie der Wind.

Lass alles neu werden.

Dieser Zauber sollte dein Bewusstsein schärfen. Folge deiner Intu-ition, die dich nicht täuschen wird. Schreibe all deine Erkennt-nisse in dein Buch der Schatten.

Beschwörung von Erkenntnis und Inspiration

Führe das folgende Ritual in einer Vollmondnacht durch. Stelle eine blaue, eine orangefarbene und eine weiße Opferkerze auf deinen Altar. Zünde dein Lieblingsräucherwerk an, das dein Denken anregt.

Ritze deinen Namen in die blaue Kerze. Ritze deine Hoffnung in die orangefarbene Kerze. In die weiße Kerze ritzt du den Namen einer Per-son, die dich inspiriert: ein Künstler aus alten Zeiten, dein Lieblingsmu-siker oder auch deine Mutter. Zünde deine Namenskerze an und sprich:

Diese Kerze brennt für mich.

Zünde deine Hoffnungskerze an und sprich:

Diese Kerze brennt für meine Hoffnung.

Zünde deine Inspirationskerze an und sprich:

Hier brennt die Flamme der Verwirklichung.

Setze dich ein paar Minuten lang mit geschlossenen Augen hin und stell dir vor, wie du deine Wünsche umsetzt. Stell dir vor, wie du von der Person, die dich inspiriert, begleitet und bei der Verwirklichung ermutigt wirst. Lass die Kerzen komplett abbrennen. Mach dich jetzt auf und vollbringe Großes!

Kerzenruhe

Mit folgendem Ritual kannst du eine Woche beseligender und entspannender Ruhe erzeugen. Salbe an einem Sonntagabend eine violette Kerze mit ätherischem Vanilleöl. Stelle sie auf deinen Altar neben eine Vase mit frischen Veilchen oder anderen violetten Blumen. Setze dich bei beginnender Dämmerung ans Fenster. Wenn die Sonne vollständig untergegangen ist, zündest du die Kerze an und sagst:

Ich lasse Sorgen, Stress und Ängste los.

Ich bin Berg, Fluss, Baum, Gras und Mond.

Ich bekomme meine Stärke von der Natur; sie ist meine Mitte.

Für morgen und danach alle Freuden ich erbitte.

Unheil für niemand und Gutes für alle.

KAPITEL

 8

Mond- und Himmelszauber

Beim Zaubern sind die richtigen Mondphasen entscheidend. Der abnehmende Mond ist die Zeit, um alle persönlichen Herausforderungen abzubauen und zu beenden. Neumond ist ein günstiger Zeitpunkt für einen Neubeginn. Wenn der Mond zunimmt, wird er ständig größer. Das ist gut für deine magischen Aktivitäten, da der Mond die Energie erhöht, die deine Arbeit durchströmt. Der Vollmond ist ein großartiger Lehrer mit einer besonderen Botschaft für jeden Monat. Er bewegt sich durch das Rad des Tierkreises und wechselt alle zwei bis drei Tage von einem Zeichen zum nächsten. Wenn du zu einem optimalen Zeitpunkt im Mondzyklus ein Ritual durchführst, wird seine Wirkung dadurch vergrößert. Denke an die folgende elementare Magie, während du dieses Kapitel liest:

Jeder Mondzyklus beginnt mit einer neuen Phase, wenn der Mond zwischen Sonne und Erde steht, sodass seine beleuchtete Seite von der Erde aus nicht gesehen werden kann. Langsam nimmt der Mond zu, bis er auf der gegenüberliegenden Seite der Erde steht und uns als Vollmond seine beleuchtete Seite zeigt. Dann beginnt er abzunehmen, bis er wieder die Neumondphase erreicht hat. Der gesamte Zyklus dauert einen Monat. Aktuellen Mondkalendern kannst du entnehmen, welches Sternzeichen den Mond gerade beherrscht.

Zauber bei abnehmendem Mond: Weißes Licht der Liebe

Um das Licht der Blume der Liebe in deinem Herzen zu entzünden, führst du diesen Zauber bei abnehmendem Mond kurz vor Neumond durch. Stelle eine grüne Kerze je nach Geschmack neben eine weiße Lilie, Rose oder Freesie. Weiße Blüten duften am schönsten, und jede dieser Schönheiten verleiht deinem Zuhause eine angenehme Aura. Ich lasse gern eine göttliche Gardenie in einer Glasschüssel mit frischem Wasser schwimmen. Zünde die Kerze an, halte die Blume an dein Herz und bitte:

Führe mich zum höchsten Licht,

zu Schönheit, Wahrheit und klarer Sicht.

Ich habe viel zu geben,

ich habe viel zu leben.

Mögen alle gesegnet sein.

Zauber bei zunehmendem Mond: Das Negative neutralisieren

Dein Altar ist das Herzzentrum deines Zuhauses, dein Heiligtum. Doch die Welt tritt ständig über deine Schwelle und bringt negative Energie mit. All diese Negativität will sich dir in den Weg stellen und bleiben. Wende einen Reinigungszauber an. Die besten Tage dafür sind ein Freitag, der 13., ein Glückstag im Hexenkalender, oder ein Tag bei zunehmendem Mond mit Unterstützung einer Mondgottheit.

Nimm eine schwarze Kerze und einen schwarzen Kristall, ein weißes Blatt Papier, einen schwarz schreibenden schwarzen Stift und einen Annulierungsstempel, der im Schreibwarenhandel erhältlich ist. Suche in deinem Garten, einem Park oder Wald nach einem flachen Stein mit einer kleinen Vertiefung. Er soll für diesen Zauber dein Altar sein. Schreibe mit dem Stift alles auf das Papier, was du aus deiner Wohnung und deinem Leben entfernen willst. Stelle die schwarze Kerze und den schwarzen Kristall auf den Stein, zünde die Kerze an und sprich:

Zunehmender Mond, weise Gottheit,

befreit mich von diesen Bürden auf alle Zeit.

In dieser Nacht so klar und hell

entlasse ich meine Lasten ins Licht des Mondes schnell.

Während die Kerze 13 Minuten lang auf dem Felsenaltar brennt, stell dir ein friedvolles, reines Zuhause vor, das nur mit Positivem erfüllt ist. Stemple den Zettel mit dem Annulierungsstempel. Puste die Kerze aus, halte den Zettel von deinem Körper weg, falte ihn ganz klein zusammen und schiebe ihn unter den Stein. Danke dem Mond für seine Unterstützung. Wiederhole das Ritual 13 Abende lang.

Mond der Veränderung:
Blumenmondzauber

Der überwältigende Vollmond im Mai, der Blumenmond, ist die beste Gelegenheit, um nach Neuem zu streben, eine Phase der Transformation einzuleiten, die noch lange anhält, nachdem der Vollmond in die Dunkelheit verschwunden ist. Diese Anrufung ehrt die Jahreszeit und sät Samen der positiven Veränderung in deinem Leben, um in den kommenden Jahren zu blühen.

Du brauchst einen roten und einen grünen Apfel, je eine Kerze in denselben Farben, zwölf Maiskörner, drei Lavendelstängel und drei Stränge vom Nachtjasmin. Lasse diese Opfergaben den ganzen Tag über auf deinem Altar liegen. Wenn der Vollmond im Mai seinen höchsten Punkt am Nachthimmel erreicht, zündest du eine rote und eine grüne Kerze auf dem Altar an. Binde den Jasmin und den Lavendel zu einem Kranz, den du dir auf den Kopf setzt, wobei du den wunderbaren Duft einatmest, der den Blüten entströmt. Nimm in jede Hand einen Apfel und sprich diesen Zauberspruch, während du drei Mal im Uhrzeigersinn um den Altar gehst:

Blumenmond, beleuchte den Weg der Veränderung heute Nacht.

Durch Erde und Luft, Wasser und Feuer wird es vollbracht.

Ich esse die Frucht der Erkenntnis und weiß Bescheid.

Alle Möglichkeiten liegen vor mir und ich bin bereit.

Iss etwas von beiden Äpfeln und vergrabe die zwölf Maiskörner und die Apfelreste in der äußersten rechten Ecke deines Gartens. Mit dem Frühlingsregen und der Sommersonne werden deine Vorhaben Wirklichkeit. Zum Zeitpunkt des Herbstmondes wirst du die Fülle der Veränderung durch diesen Zauber mit großer Dankbarkeit ernten.

ZAUBEREI BEI MONDFINSTERNIS

Wenn der Mond in den Erdschatten tritt, findet eine Mondfinsternis statt. Dies sind seltene Gelegenheiten, die für einen wirklich verzauberten Abend sorgen. Ich empfehle dir, schon im Voraus zu überlegen, was du in dieser nur wenige Stunden dauernden Phase bewirken möchtest. Denke darüber nach, welche Herzenswünsche du hast oder was du vom Schatten ins Licht bringen willst: Musst du alte Träume mit neuer Energie erfüllen? Gibt es alte Verletzungen, die du loslassen und aus deinem Leben werfen musst? Hast du das Gefühl, dass dir etwas verheimlicht wird? Eine Mondfinsternis eignet sich hervorragend, um sich von Altem zu lösen und Neues zu beginnen. Richte deine magische Arbeit einfach darauf aus. Diese Phase ist auch ein vorzüglicher Zeitpunkt, um die Mondgöttin mit einem Ritual zu ehren – allein oder in einer Gruppe.

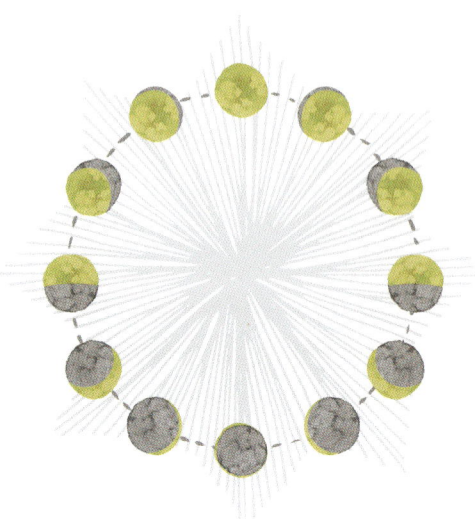

ÜBERLIEFERTES HEXENWISSEN ZU DEN MONDPHASEN

Die 13 Mondumläufe in deinem magischen Jahr

Ein Jahr zählt 13 Vollmonde, wenn der erste Vollmond des Jahres in die Zeit zwischen dem 1. und dem 11. Januar fällt. Das ist etwa alle zweieinhalb Jahre der Fall. Hier einige Vollmond-Geschichten aus dem Brauchtum und der Astrologie:

🐺 **JANUAR:** Zeit des Wolfs- oder Eismondes. Eine gute Zeit für Neuanfänge, für Kinderplanung und Empfängnis, für persönliche, berufliche, gesundheitliche und andere Ziele. Nutze diese Zeit, um intensiv über dich und das, was dir am wichtigsten ist, nachzudenken sowie darüber, wie du es erreichen kannst. Beim Wolfsmond solltest du Schutzzauber für dich, dein Zuhause und die Menschen, Lebewesen und Dinge durchführen, die dir wirklich am Herzen liegen.

🔖 **FEBRUAR**: Zeit des Schnee- oder Sturmmondes. Jetzt kannst du damit beginnen, die Saat sprießen zu lassen, die du zum Wolfsmond in deine Seele gepflanzt hast. Eine vorzügliche Zeit für Reinigungsrituale und zum Beseitigen negativer Energien aus deinem Leben, deiner Seele, deinem Zuhause und deinem Büro. Zum Schneemond kann man großartige Heilungen bewirken, vor allem nach einer energetischen Reinigungszeremonie. Eine der besten Reinigungsmethoden besteht darin, sich selbst wirklich zu akzeptieren, sich von jeglichem Selbsthass freizumachen und den inneren Kritiker zu verabschieden. Ein Ritual der Selbstliebe und Selbstbestätigung ist eine wunderbare Huldigung des Februar-Vollmondes.

🔖 **MÄRZ**: Zeit des Krähen- oder Wurmmondes. Eine Zeit, um deine Lebensenergien ins Gleichgewicht zu bringen. Nach der Reinigung und der Zielsetzung in den vergangenen beiden Monaten kannst du nun damit beginnen, deine Pläne voranzutreiben. Der Krähenmond ist auch ein exzellenter Zeitpunkt, um sich auf Wohlstand zu konzentrieren und eine Fülle-Zeremonie durchzuführen.

🔖 **APRIL**: Zeit des Rosa- oder Fischmondes. Dies ist die kreativste Phase im Jahr, in der du tun kannst, wovon du während der vorangegangenen Monate geträumt hast. Fang an, deine tiefsten Sehnsüchte in die Tat umzusetzen, auch deine amourösen, denn der Rosamond ist für Liebeszauber geschaffen. Gehe deinen Leidenschaften mit Selbstvertrauen und Optimismus nach.

🔖 **MAI**: Zeit des Wonne- oder Blumenmondes. Man nennt den Mai mit Blick auf die grüne Magie auch »grüner Monat«, und der Überlieferung zufolge erscheinen nun Elfen, Feen und Kobolde. In der Natur zeigt sich der Frühling in all seiner Pracht und deine innere Weisheit befindet sich auf ihrem

Höhepunkt. Jetzt solltest du dich mit der Natur verbinden und unseren wunderschönen, heiligen Planeten erkunden. Frühlingsrituale sind ein wunderbarer Weg, um mit seinem Geist in Verbindung zu treten.

🌿 **JUNI**: Zeit des Honig- oder Erdbeermondes. Jetzt kosten wir die Süße des Lebens und feiern unsere Stärke und Fruchtbarkeit. Es ist eine Zeit von Sicherheit und Schutz. Prüfe, was aus deinen Absichten geworden ist, die du in den vergangenen Monaten geplant und gesät hast.

🌿 **JULI**: Zeit des Donner- oder Bockmondes, in der man sich auf Spirituelles konzentrieren sollte. Jetzt können wir unser Bewusstsein erweitern und auf die Botschaften in unseren Träumen hören. Zum Donnermond erhalten wir den Segen des Regens und spüren die aufgeladene Energie der Gewitter. Es ist ein günstiger Zeitpunkt für ein Traum- oder ein seherisches Ritual.

🌿 **AUGUST**: Zeit des Getreide- oder Rotmondes. Zu diesem Zeitpunkt herrschen überbordende Gesundheit, Vitalität und Begeisterung vor – eine optimale Gelegenheit, um Freunde und Verwandte einzuladen und die strahlende Seite des Lebens zu feiern. Feiere, tanze und freue dich!

🌿 **SEPTEMBER**: Zeit des Ernte- oder Fruchtmondes. Jetzt sehen wir die Vollendung unserer Pläne und Ideen und bringen die Ernte unserer Gedanken, Handlungen, Worte und Projekte ein. Der Erntemond ist eine wunderbare Zeit, um unser Leben zu organisieren und alles loszulassen, was nicht mehr funktioniert, weil es abgenutzt oder defekt ist oder einfach nicht mehr zu unserem Leben passt. Das umfasst auch Gefühle, Verhaltensmuster, Überzeugungen und sogar Personen. Entrümple und vereinfache dein Leben.

🌿 **OKTOBER**: Zeit des Blut- oder Jägermondes. Nun finden in deinem Leben und rund um dich herum große Veränderungen statt. Nimm dir die Zeit, diese Veränderungen zu beobachten und zu spüren – den Wechsel der Temperatur, das Fallen der bunten Blätter, das Wegziehen der Vögel. Folge deinem Bedürfnis nach guter Nahrung, nach Wärme und nach Ruhe. Suche nach dem Sommertrubel jetzt inneren Frieden. Jetzt ist Zeit für Entspannung und Loslassen, eine Zeit, in der du nach karmischer Vollendung suchen kannst. Würdige die Veränderungen dieses Monats mit einem Ritual.

🦅 **NOVEMBER:** Zeit des Biber- oder Schneemondes, in der man durch Innenschau mit seinem Geist in Kontakt treten sollte. In vielen Ländern ist der 1. November ein Tag der Ahnen und des Gedenkens der Toten.

🦅 **DEZEMBER:** Zeit des Frost- oder Dunkelmondes. In dieser Phase durchleben wir einen symbolischen Tod und eine Wiedergeburt. Durch geistige Reisen können wir die Flamme unseres Herzens und unserer Seele entzünden.

🦅 **13. VOLLMOND:** Zeit des Blauen Mondes. Diese Bezeichnung stammt aus dem Englischen (»Blue Moon«) und bezieht sich auf das seltene Ereignis, dass ein zweiter Vollmond in einem Kalendermonat auftaucht. Nutze diesen Zeitpunkt, um über langfristige Pläne nachzudenken und für das bisher Erreichte zu danken. Sei dankbar für das, was du erreicht hast – für die Menschen in deinem Leben, deine Gesundheit, Kinder, Arbeit, die du magst, gute Freunde, ein gemütliches Zuhause und alle weiteren Möglichkeiten.

🦅 **DER BLAUE MOND** ist auch eine Zeit für Weissagungen. Jedes Ritual zum Blauen Mond sollte einen Dank an die Götter und Göttinnen und an die Leben spendende Mutter Natur enthalten.

FÜNF-MINUTEN-MAGIE

HOFFNUNGSZAUBER
BEI ZUNEHMENDEM MOND

Wenn die erste dünne Sichel des zunehmenden Mondes am Nachthimmel erscheint, stellst du eine grüne Kerze auf deinen Altar neben eine weiße Lilie oder Freesie – weiße Blumen haben den intensivsten Duft. Salbe die Kerze mit Tuberosen- oder Rosenöl. Nimm eine Handvoll Samen oder Nüsse, etwa ungeschälte Sonnenblumenkerne, Walnüsse oder Pistazien, und lege sie vor die Kerze. Schließe die Augen und rufe:

Unter der Sichel dieses Mondes so zart

wandle ich im Garten Eden durch Blumen apart

in dem Garten meiner Sehnsüchte.

Die Flamme meines Geistes ich entfache,

und ich pflanze das, was in der Zukunft dann ist Sache.

Sprich laut aus, welche Anliegen und Pläne du hast und was du dir wünschst. Dadurch legst du den Samen für deine Zukunft.

Wenn die Kerze heruntergebrannt ist, nimm ein wenig von dem Wachs, die Samen oder Nüsse und deine Blume und vergrabe sie im Garten oder in der Erde deiner Zimmerpflanzen. Neue Energie und Ideen werden sofort in deinem Leben aufblühen. Während der Mond weiter zunimmt, solltest du auf dem aufbauen, was du mit dem ersten Halbmond begonnen hast, und du wirst erste Veränderungen wahrnehmen. Nutze die Zeit für persönliche Rituale und Zeremonien.

Orakelkreis: Göttinnenritus

Lade zu jedem Neumond oder zum ersten Neumond im Jahr eine Gruppe von Hexen zu dir ein. Bitte sie, Leckereien für alle, Stifte und Papier sowie als Opfergaben Früchte, Blumen, Wein und Saft mitzubringen. Verteile brennende Kerzen im Raum und schalte das elektrische Licht aus.

Bildet einen Kreis um den Altar, auf dem eine mit Wasser gefüllte schwarze Schüssel steht, die als Wahrsagespiegel verwendet wird. Jede Anwesende legt einzeln ihre Gabe aus Früchten oder Blumen um die Schüssel. Dabei spricht sie folgende Worte und fügt den Namen ihrer Gabe ein:

Granatapfel [oder Orange, Lilie etc.], der Göttin als Gabe,

wirke einen Zauber für mich, an dem ich mich labe.

Du schenkst uns Nahrung jeder Art.

Lass mich wissen, was dieses Jahr hat für mich parat.

Danach sollte jede in das Wasser blicken, um die Prophezeiung der Göttin zu sehen. Nehmt euch Zeit, um aufzuschreiben, was jede von euch gesehen hat. Teilt anschließend eure Prophezeiungen und Visionen in der Gruppe, während ihr die mitgebrachten Leckereien bei etwas Wein gemeinsam verzehrt.

Gemeinsame Kristallbeschwörung im Mondlicht

Vollmond ist die kraftvollste Zeit im Monat und ein perfekter Zeitpunkt für ein Fest mit besonderen Menschen. Dieses Ritual wird deine Spiritualität, deine Freundschaften und deine Verbindung zu den Kräften des Universums stärken. Warte bis zur Geisterstunde um Mitternacht, um dich mit anderen Hexen an einem von dir bevorzugten Ort im Mondlicht zu versammeln.

Stellt einen großen Kristall – üblicherweise eine Geode, einen Amethyst-Brocken oder einen großen Quarz- oder Bergkristall – in die Mitte eines Altars und einen Weinpokal vor eine Darstellung der Göttin. Jede Hexe hält ein Windlicht aus Glas in der Hand. Sie spenden Licht bei eurem althergebrachten Ritual. Außerdem hat jede einen Kristall als Prüfstein in der Hand. Ihr könnt dieses Ritual auch zu Hause, im Garten oder an einem geweihten Ort durchführen. Die Gruppe bildet einen Kreis, und eine von den Anwesenden bestimmte Person trägt die Beschwörungsformeln in einem passenden Sprechgesang vor:

O Göttin der silbernen Magie, wir ehren dich hier,

an diesem Ort, geweiht und sicher.

Diesen Kreis formen wir dir zu Ehren.

Die Person am nördlichen Punkt des Kreises stellt ihr Licht und ihren Kristall ab, während die vortragende Person fortfährt:

Gesegnete, die Erde ist dein.

Mögen wir alle gesunden,

mögen wir alle erstarken,

mögen wir alle wachsen.

Die im Osten sitzende Person stellt ihr Licht und ihren Kristall ab, während die Beschwörung fortgesetzt wird:

O Göttin voll Lachen und Freude, auch der Himmel ist dein.

Möge die Luft rein und klar

und mögen die Wolken erfüllt mit Wind und Regen sein.

Die Person im Süden stellt Licht und Kristall ab, während der Spruch weitergeht:

O Göttin des Sommers, jede Jahreszeit ist dein.

Möge jeder Frühling Blumen und Feldfrüchte für alle bringen.

Die im Westen sitzende Person stellt nun Licht und Kristall ab, während die vortragende Person skandiert:

Göttin des Wassers,

die Flüsse und Meere sind dein.

Mögen sie einst wieder kristallklar werden.

Göttin, wir haben diesen Kreis dir zu Ehren gebildet.

Sei nun bei uns.

Jetzt geht jede Anwesende zum Altar, kniet nieder und stellt dort ihr Licht und ihren Kristall ab, trinkt einen Schluck Wein aus dem Pokal und sagt:

Ich trinke auf dein Wohl, strahlende Göttin,

dir zu Ehren. Gesegnet seiest du.

Nun nehmen alle Rasseln und Trommeln und tanzen unter dem funkelnden Himmelszelt.

PRAKTISCHER HEXENTIPP

Telepathie-Tee

Der bescheidene Löwenzahn, der meist verabscheut wird, verbirgt seine Stärke sehr gut. Mit dem Tee aus Löwenzahnwurzeln kannst du den Geist von jedem anrufen, dessen Rat du benötigst. Welche Gottheit kann dich momentan am besten unterstützen? Stelle einfach einen frisch aufgebrühten Tee aus Löwenzahnwurzel auf deinen Schlafzimmeraltar oder deinen Nachttisch. Sprich den Namen deiner helfenden Gottheit sieben Mal laut aus, bevor du schlafen gehst. Die Gottheit wird dir in einem Traum oder einer Vision erscheinen und all deine Fragen beantworten. Im Mittelalter wurde dieser Zauber zum Auffinden verborgener Schätze eingesetzt. Der mittelalterliche englische Schriftsteller Geoffrey Chaucer, der in Astrologie und anderen metaphysischen Wissenschaften gut bewandert war, empfahl diesen bewährten Tee.

ASTROLOGISCHE PFLANZENKUNDE: KENNST DU DEINE KRAFTBLUME?

Die im Mittelalter beliebten Blumengebinde waren lange aus der Mode geraten, und ich bin sehr froh, dass die symbolischen Bedeutungen und Kräfte von Blumen inzwischen wieder verwendet werden.

Trockne Blumen aus deinem Garten oder verwende gekaufte Trockenblumen und stelle sie in ein schönes Gefäß. Wähle die Blumen aus, zu denen du dich hingezogen fühlst oder die mit deinem Sternzeichen verbunden sind (siehe Kapitel 3: Heilzauber).

Zauber am Lagerfeuer

Beim nächsten Vollmond errichtest du zusammen mit einer Gruppe Hexen ein Lagerfeuer am Strand oder auf einem sicheren Feuerplatz in einem Park oder im Garten. Bitte alle Gäste, Speisen und Getränke zum gemeinsamen Verzehr sowie gläserne Windlichter mitzubringen, am besten Sieben-Tage-Glaskerzen. Geht im Kreis um das Feuer herum und zündet mit einem Ast aus dem Lagerfeuer die Kerzen an. Ruft dann alle gemeinsam:

Danke für das hell lodernde Feuer,

die Leben spendende Wärme und das Licht so teuer.

Du gibst uns Schutz in jeder Nacht,

du schenkst uns Hoffnung, wir sind bewacht.

Amen.

Beginnt jetzt, der Reihe nach zu erzählen, welche Veränderungen ihr euch in eurem Leben wünscht, sofern dies für alle gut ist. Nachdem jede ihre Geschichte erzählt hat, esst und trinkt ihr gemeinsam, während ihr um das warme Feuer herumsitzt.

Hexenfeste und heilige Sabbate

Sabbate sind die heiligen Tage im Jahresverlauf in Übereinstimmung mit den himmlischen Sphären. An ihnen feiert man den Frühlingsanfang und den Beginn neuen Wachstums oder begeht den Herbstanfang und trifft Vorbereitungen für die Dunkelheit und Kälte des Winters. Fast all unsere Feste wurzeln in alten Riten, in deren Zentrum die Fruchtbarkeit und die Hoffnung auf eine reichhaltige Ernte standen.

Die Menschheit begann irgendwann damit, die Zeit an den Bewegungen von Sonne, Mond und Sternen festzumachen, was zur Bestimmung von Sternbildern und zur Erstellung astrologischer Kalender führte. Die Hauptsabbate sind Lichtmess, Beltane, Lammas und Samhain (Vorabend von Allerheiligen). Sie alle wurden einst drei Tage lang gefeiert. Die im zweiten Kapitel aufgelisteten Nebensabbate sind astrologische Markierungen der Jahreszeiten.

DAS HEIDNISCHE JAHRESRAD:

Himmels- und Mondfeste

SAMHAIN ◆ 31. OKTOBER

Das heidnische Jahresrad beginnt mit dem keltischen Neujahrsfest Samhain; es ist auch als Halloween bekannt. An diesem hohen Feiertag hebt
sich der Schleier zwischen der Welt der Lebenden und der Toten, und wir
erinnern uns derer, die von uns gegangen sind, und ehren sie.

JULFEST ◆ 21. DEZEMBER

Jul ist die längste Nacht im Jahr und markiert die Wintersonnenwende.

132

IMBOLC ✦ 2. FEBRUAR

Zu Imbolc oder Lichtmess wird das Erwachen der Erde und die wachsende Kraft der Sonne gefeiert. Häufig wird dabei die Göttin geehrt und ihr Altar mit den ersten Blumen als Vorboten des nahenden Frühlings geschmückt.

FRÜHLINGS-TAGUNDNACHTGLEICHE ✦ 21. MÄRZ

An diesem Datum sind Tag und Nacht gleich lang. Die Sonne gewinnt an Kraft und das Land beginnt zu blühen.

BELTANE ✦ 30. APRIL

Der Frühling erstarkt mit der ersten Blüte und Hexen feiern mit Maibaum-Tänzen, die das Geheimnis der heiligen Ehe von Göttin und Gott symbolisieren.

MITTSOMMER ✦ 21. JUNI

Dieses auch als Litha bekannte Fest wird zur Sommersonnenwende, dem längsten Tag im Jahr, mit zahlreichen ausgelassenen Festlichkeiten gefeiert. Der als Herr des Lichts gekrönte Naturgott hat nun seine höchste Kraft erreicht.

LAMMAS ✦ 1. AUGUST

Lammas oder Lughnasadh ist die Zeit der Getreideernte. Wir bringen ein, was wir gesät haben, und ehren die Früchte, die uns die Erde schenkt. Zu Lammas danken Hexen der Göttin als Königin der Erde für ihre Gaben.

HERBST-TAGUNDNACHTGLEICHE ✦ 21. SEPTEMBER

Tag und Nacht sind jetzt gleich lang. Die zunehmende Dunkelheit stimmt uns auf die langen kalten Nächte ein. Viele Hexen ehren mit diesem Fest das Alter und das Nahen des Winters.

NEGATIVE ENERGIEN VERTREIBEN: VERSAMMLUNG DER GEMEINSCHAFT

Mit dieser alten Methode vertreibst du Dämonen und tust etwas Gutes für Freunde und Familie: Kaufe eine große Tüte mit getrockneten Bohnen und lade all deine Freunde zu dir ein. In alten Zeiten glaubte man, dass in den Bohnen böse Geister wohnen.

Am besten führst du diesen Zauber während einer Mond- oder Sonnenfinsternis durch, wenn das Verborgene offenbart wird. Begebt euch dafür auf ein Dach, einen Hügel oder irgendeinen hoch gelegenen Ort. Gib jedem Gast eine Handvoll Bohnen und werft dann Bohne für Bohne nach unten, wobei jeder dabei ruft, von was er sich befreien will. Nachdem ihr alle Zwistigkeiten aus euren Leben entfernt habt, könnt ihr gemeinsam die Beseitigung eurer Bürden feiern.

Samhain-Zeremonie

31. OKTOBER

Samhain ehrt die großartige Tradition des keltischen Neujahrsfestes. Was als von kleinen Gruppen auf dem Land gefeiertes Volksfest begann, ist heute ausgesprochen populär geworden. Dafür gibt es zahlreiche Gründe einschließlich des modernen Marketings. Aber ich glaube, dass es vor allem ein menschliches Grundbedürfnis befriedigt, frei seine wilde Seite auszuleben und wieder stärker mit den alten Traditionen verbunden zu sein. Um diese Zeit ist die Trennung zwischen den Welten am durchlässigsten und man kann mit der anderen Seite – den Vorfahren und der Geisterwelt – kommunizieren. Es ist wichtig, jetzt die Ahnen zu ehren und das Geschehen im vergangenen Jahr zu akzeptieren sowie Pläne für das nächste Jahr zu machen.

Dies ist der perfekte Zeitpunkt, um 13 Gäste für deinen Hexenzirkel einzuladen. Stelle Weihrauchpulver, Salz, einen Brotlaib, Weinpokale und drei Kerzen, die die dreifaltige Göttin symbolisieren, als Opfergaben für den Altar bereit – ideal ist ein draußen stehender Steinaltar. Schütte das Weihrauchpulver in Form eines Pentagramms auf den Altar. Lasse alte Sorgen, Ärger und alles los, was du nicht ins neue Jahr mit hinübernehmen willst. Bringe nur dein Bestes in diese vielversprechende Gelegenheit ein. Entzünde die Kerzen und sprich:

Ich ehre die dreifaltige Göttin in dieser Samhain-Nacht

und rufe an alle Vorfahren mit Bedacht,

aus unendlichen Zeiten

und hinter der Schleier Weiten.

Klopfe drei Mal auf den Altar und zünde den Weihrauch an. Rufe:

Wir erbitten für dieses Brot, diesen Wein und dieses Salz

den Segen der Jungfrau, Mutter und Greisin,

und der Götter, die das Weltentor bewachen.

Streue ein wenig Salz über das Brot, iss davon und trinke einen Schluck Wein. Alle anderen folgen deinem Beispiel und setzen sich. Nun benennt jede die Seelen auf der anderen Seite und dankt den Ahnen und Gottheiten. Nehmt euch dafür viel Zeit, denn wir haben den Lieben auf der anderen Seite viel zu verdanken.

Wintersonnwend-Ritual

21. DEZEMBER

Mit dem Wintersonnwend-Ritual wird herkömmlicherweise die Wiedergeburt der Sonne gefeiert. Errichte an einem sicheren Platz im Freien ein Lagerfeuer und einen Sonnwendaltar im Osten des Lagerfeuers. Stelle einen kleinen Kessel mit einer Kerze auf den Altar und lege Mistel-, Efeu- und Ilexzweige darum. Alle Teilnehmerinnen sollten Kränze aus den gleichen Zweigen tragen.

Beginnt das Ritual, indem ihr einen Kreis um das Feuer bildet, euch bei den Händen haltet und erst leise, dann immer lauter summt, so lange, bis ihr schreit. Das symbolisiert die Schreie der Göttin, die die neue Sonne gebiert. Die Ritualleiterin sagt:

Alle verneigen sich gen Osten! Heil der neugeborenen Sonne

und der großen Göttin, die sie geboren hat!

Sie singt:

Brigid,

Diana,

Cerridwen,

Königin des Himmels,

im Lichte dieses Mondes,

in dieser dunklen Nacht,

weiht uns in das Mysterium der Wiedergeburt ein.

Die Ritualleiterin zündet die Kerze an, alle anderen schweigen. Die Göttin offenbart sich jeder einzelnen Teilnehmerin. Anzeichen sind ein plötzlicher Windstoß, Sternschnuppen, der Schrei einer Eule oder das Erscheinen eines Rehs. Wenn ihr im Haus seid, rührt sich die Göttin in eurem Herzen. Wenn der richtige Augenblick gekommen ist, ruft die Ritualleiterin:

Königin der Sterne,

Königin des Mondes,

Königin der Erde,

Bringerin des Feuers,

die große Mutter gebiert dieses neue Jahr

und wir sind ihre Zeuginnen.

Dann rufen alle:

Gesegnet seiest du!

Reicht den Kessel mit der Kerze von einer Teilnehmerin zur nächsten, damit sie ihren Segen und ihre Hoffnungen für das kommende Jahr aussprechen kann. Stelle den Kessel danach wieder auf den Altar. Die Leiterin beendet das Ritual mit ihrem abschließenden Dank an die Göttin:

Gesegnet sei die Mutter Göttin,

danke für die Sonne, die uns Leben schenkt,

ohne Anfang und Ende,

immerwährend in alle Ewigkeit.

Dieses Ritual ist jetzt abgeschlossen.

Stoßt mit heißem Apfel- oder Honigwein an, genießt die Speisen.

Imbolc-Ritus vor Beginn der nächsten Jahreszeit

2. FEBRUAR

Imbolc oder Lichtmess liegt zwischen der Wintersonnwende und der Frühlings-Tagundnachtgleiche. Das Fest begrüßt den bald kommenden Frühling. Traditionell gehört das Trinken von Milch dazu. Moderne Hexen haben Joghurt, Butterkekse, Eiscreme, Karamellcreme, Käse, Eierpunsch und dergleichen hinzugefügt. Es ist ein guter Zeitpunkt, um neue Mitglieder in deinem spirituellen Kreis willkommen zu heißen und neue Hexen in den Hexenzirkel einzuführen.

An Lichtmess ist es noch immer Winter, weshalb du dem Lager- oder Herdfeuer Pinie, Kriechwacholder, Zeder und Ilex hinzufügst. Aus diesen Zweigen bindest du außerdem Kränze. Stelle weiße Kerzen in gläsernen Windlichtern auf. Starkes Räucherwerk wie Zeder, Zimt oder Weihrauch weihen den Raum. Die Ritualleiterin beginnt den Ritus, indem sie das Räucherwerk mit dem Feuer anzündet und dann folgende Worte spricht, wobei sie sich nach und nach in alle Himmelsrichtungen dreht:

Willkommen, Wächter des Ostens. Bringt frischen Wind und Lebensatem. Kommt zu unserer Imbolc-Versammlung.

Willkommen, Wächter des Südens. Ihr bringt uns Wärme und Gesundheit. Kommt zu uns an diesem heiligen Tag.

Willkommen, Wächter des Westens, dem Ort der untergehenden Sonne und der mächtigen Berge. Kommt zu uns.

Willkommen, Wächter des Nordens, wo Leben spendender Regen und Schnee herrschen. Kommt zu uns an diesem heiligen Tag.

Die Leiterin sollte nun alle Teilnehmer einzeln begrüßen und über das Gute, das sie der Gemeinschaft bringen, sprechen. Alle sollten einander durch Trink- und Segenssprüche würdigen und in dieser Zeit des zunehmenden Lichts das Brot miteinander brechen. Genießt das Imbolc-Fest und die Wärme des zeremoniellen Feuers!

Frühlingsritus zur Frühlings-Tagundnachtgleiche

21. MÄRZ

Zur Hexerei gehört es, zur Heilung von Mutter Natur beizutragen. Wir sind beauftragt, den Planeten wiederherzustellen und zu nähren, der seinerseits uns ernährt. Streu an der Frühlings-Tagundnachtgleiche Kleeblätter, zerkleinerte Mistelzweige und Zimt auf den Boden, während du gegen den Uhrzeigersinn im Kreis gehst. Blicke nach Norden und sprich:

Ich rufe die großen Kräfte des Nordens an,

dieses Land zum Wohle aller zu segnen und zu schützen!

Lammas-Fest: Ernte dein Glück

1. AUGUST

Das zu den Hauptsabbaten gehörende Lammas-Fest markiert den Höhepunkt des Jahres, da die Ernte reichlich, das Wetter sonnig und warm und das gesamte Land von prachtvoller Schönheit ist. Seit Jahrhunderten wissen wir, dass wir dem Himmel und den Naturgöttern für dieses Geschenk mit einem Fest danken müssen, am besten draußen in der herrlichen Natur.

Bitte deine Gäste, herbstliche Opfergaben für den Altar mitzubringen: frisch gepflückte Blumen, Äpfel, Kürbisse, Mais, Bündel von Getreidehalmen, Frisches aus dem Garten und aus dem Geernteten hergestellte Speisen, etwa Apfel- und Beerenkuchen, Kompott, Melonenscheiben, gedünstete grüne Bohnen, Zitronenkekse, eingelegtes Gemüse, Apfelwein oder Bier. Bringt zum Erntefest all das mit, was ihr selbst angebaut habt.

Fülle einen Kessel oder eine schöne farbige Glasschüssel halb mit frischem Wasser und lasse kleine Lichter in kleinen Schälchen auf dem Wasser schwimmen. Sorge dafür, dass an der Festtafel ein Platz für den göttlichen Gast Lugh reserviert ist, der über die Äcker und Felder gewacht hat, damit diese Fülle gedeihen konnte. Lege frisch gebackene Lammasbrote neben seinen Teller und bitte die Gäste, etwas Essen als Opfergabe auf den Teller zu legen und eine schwimmende Kerze zu entzünden. Schneide eine Scheibe Lammasbrot für Lugh ab und beginne die Zeremonie mit diesem Dankgebet:

O altehrwürdiger Lugh der Felder und Farmen,

wir laden dich ein zu uns mit offenen Armen

an diesem Ort zwischen Feldern und blühenden Wiesen.

Dir verdanken wir die Gaben, die wir am Lammas-Fest genießen.

Beginnt nun mit dem Festmahl. Vor dem Nachtisch sollte sich der Reihe nach jeder Gast am Tisch bei Lugh, der all die Gaben ermöglicht hat, mit einem Trinkspruch bedanken. Auch das Erzählen von Geschichten, Gesang, Tänze und viel Fröhlichkeit gehören zum Lammas-Fest.

PRAKTISCHER HEXENTIPP
Schutzzauber für Boden und Baum

Pflanze drei rote Blumen, denn sie halten Unbefugte von deinem Grundstück fern und helfen dem Boden, wieder zu seinem ursprünglichen, gesunden Zustand zurückzukehren. Ich empfehle dir diese schönen roten Blumen: Sumach, Mohnblumen, Wildrosen, Geranien oder Kapuzinerkresse.
Um einen kranken oder gefährdeten Baum zu heilen und zu schützen, bindest du nach alter keltischer Sitte ein rotes Band oder eine magische Schnur um den Stamm und sagst:

Rot für den Blutsaft in diesem Seelenbaum.

Zu jedem Vollmond werde ich schaun

und wieder ein magisches Band binden um diesen Baum.

Amen.

Thymian ist auf deiner Seite: Schutztalisman

Dieser einfache Zauber segnet dein Zuhause mit der Kraft der Sonne und dem Schutz des sehr nützlichen Krauts Thymian. Du brauchst ein Bündel getrockneten Thymian, Weihrauch und eine Tasse Wasser.

Warte einen sonnigen Tag ab und gehe nach draußen. Zünde Weihrauch an und führe den Thymian durch die Rauchschwaden, während du rufst:

Mit Luft und Feuer reinige und weihe ich dich

zum Zweck des Schutzes.

Spritze mit den Fingern ein paar Wassertropfen auf das Kraut und fahre fort:

Mit Wasser reinige und weihe ich dich

zum Zweck des Schutzes.

Lege das Thymianbündel auf den Boden und sage:

Mit Erde reinige und weihe ich dich

zum Zweck des Schutzes.

Halte den Thymian in die Sonne. Male dir aus, wie die Wärme und Kraft der Sonne das Kraut erfüllt. Sprich:

Verehrte Sonne,

geliebte Bringerin des Lichtes am Tage,

142

segne dieses Kraut mit deinem Schutz und Licht.

Amen.

Gieße das restliche Wasser als Opfergabe auf den Boden und hänge beim Hineingehen das Thymianbündel über die Eingangstür.

FÜNF-MINUTEN-MAGIE

VERÄNDERUNGSZAUBER

Wind – eine Manifestation des Elements Luft – ist ein Bote der Veränderung. Der Westwind beschleunigt in erster Linie Heilprozesse, während der Südwind Neuanfänge bewirkt. Du kannst diese mächtigen Instrumente immer bei dir tragen, indem du den Wind in einem weißen Stoffbeutel »fängst«. Während du in den Wind blickst, sagst du:

Bruder Wind, du umtobst uns wie toll,

alles Betrübliche mit dir fortgehen soll.

Nach dem Sturm stehe ich im Regen

und danke dir für all deinen Segen.

Mögen alle gewinnen, der Zauber soll beginnen.

Binde den Beutel mit einem blauen Band zu. Immer wenn du eine Veränderung zum Besseren wünschst, kannst du ein wenig von dem Wind der Veränderung ausschütten.

Zaubersprüche für jeden Tag

Ein Zauber ist wie ein Gebet – ein mit besten Absichten und in Harmonie mit dem Universum vorgebrachter Wunsch. Warum werden Zauber an einem besonderen Tag ausgeführt, mit einem bestimmten Kraut und einer entsprechenden Farbkerze? Auf diese Weise stimmen sich Hexen auf das Wohl aller ein und richten sich auf den Kreislauf der Natur aus. Die hier gesammelten Anweisungen wurden in meiner Familie über Generationen hinweg weitergegeben und der heutigen Zeit angepasst. Sie machen dein Alltagsleben angenehmer und erfreulicher und helfen dir, Probleme zu überwinden.

Jeder Wochentag hat bestimmte Entsprechungen und Bedeutungen. Im Folgenden findest du auf der Basis von alten Überlieferungen einen praxisnahen Überblick für unterschiedliche Arten von Ritualen. Ich führe beispielsweise jeden Donnerstag, dem Tag Thors, ein Geld förderndes Ritual durch. Für das Finden einer neuen Liebe ist Freitagabend, der Tag der Freya, geeignet.

ÜBERBLICK ÜBER DEINE WOCHE

🏹 **SONNTAG** Tag für Heilung und Lebenskraft, Kreativität und neue Hoffnung. Farben: Gold, Orange und Gelb. Steine: Citrin, Bernstein, Karneol und Topas. Kräuter und Räucherwerk: Nelke, Zeder, Kamille, Weihrauch, Johanniskraut, Sonnenblume und Vanilleblume.

🏹 **MONTAG** Tag des Mondes, Tag für Intuition, Schönheit, Frauenrituale und das eigene Zuhause. Farben: glänzendes Silber, Perlmutt, Hellrosa, Weiß und Lavendel. Steine: Mondstein, Perle, Quarzkristall, Fluorit und Aquamarin. Kräuter und Räucherwerk: Jasmin, Myrte, Mondraute, Eisenkraut, weiße Rose, Mohn und Kampfer.

🏹 **DIENSTAG** Tag des Mars, Zeit zum Handeln. Der Zeitpunkt mit einer hohen Energie für deine Karriere, für körperliche Aktivitäten, für Auseinandersetzungen bei Besprechungen und für ausgeprägte Sinnlichkeit. Farbe: Rot. Steine: Rubin, Granat, Karneol, Hämatit und rosafarbener Turmalin. Kräuter und Räucherwerk: rote Rose, Pinie, Nelke, Nessel, Patschuli, Pfeffer und Knoblauch.

🏹 **MITTWOCH** Tag des Odin, an dem die Planeten der Kommunikation – Merkur und Chiron – herrschen. Optimale Zeit zum Schreiben, für öffentliche Reden, intellektuelles Arbeiten, Erinnerungen und alle Arten der Kommunikation. Farben: Hellblau, Grau, Grün, Orange und Gelb. Steine: Sodalith, Moosachat, Opal und Aventurin. Kräuter und Räucherwerk: Zimt, Immergrün, Dill, Wicke, Fingerkraut und Farn.

🗡 **DONNERSTAG** Tag des Thor; gut für Geschäfte, Politik, Rechtsangelegenheiten, Verhandlungen, Glücksfälle und Wohlstand. Farben: Blau, Violett und Türkis. Steine: Türkis, Saphir, Amethyst und Lapislazuli. Kräuter und Räucherwerk: Safran, Zeder, Muskat, Pinie, Eiche und Zimt.

🗡 **FREITAG** Tag der nordischen Liebesgöttin Freya; fördert Neues. Es dreht sich alles um Schönheit, Liebe, Sex, Fruchtbarkeit, Freund- und Partnerschaften, die Künste und Harmonie. Farben: Blassgrün und Dunkelgrün, Eierschalenblau, Rosa und Violett. Steine: Smaragd, rosafarbener Turmalin, Rosenquarz, Jade, Malachit und Peridot. Kräuter, Früchte und Räucherwerk: Apfel, Lilie, Birke, rosafarbene Rose, Verbene, Efeu und Salbei.

🗡 **SAMSTAG** Tag des Schutzes sowie der Disziplin, Pflicht, Bindung, Familie, Manifestation und Vervollständigung. Steine: Amethyst, Rauchquarz, Gagat, schwarzer Onyx, Obsidian und sehr dunkler Granat. Kräuter und Räucherwerk: Efeu, Eiche, Raute, Moos, Myrrhe, Belladonna, Alraune, Schierling und Bergeisenhut (manche sind hochgiftig, also Vorsicht!).

NORDEN, SÜDEN, OSTEN UND WESTEN:

Die vier Himmelsrichtungen und die vier Elemente

Jeder Tag beginnt mit dem Sonnenaufgang im Osten und endet mit dem Sonnenuntergang im Westen. Die Leben spendende Sonne herrscht über unseren Tag, während der Mond die Nacht regiert. Im Folgenden spielen die Mondphasen keine Rolle, denn es geht ausschließlich um die vier Himmelsrichtungen und den Einsatz der Elemente in Ritualen. Den Himmelsrichtungen wohnen bestimmte Energien inne, die du für deine magische Arbeit nutzen kannst:

NORDEN
Neuanfang, Erneuerung, Manifestierung des Materiellen

WESTEN
Transformation, Befreiung von dunkler Energie und von Problemen

OSTEN
Einweihung, Erweckung und Erleuchtung

SÜDEN
Gefühle und Empfindungen

Die Stimmung für die Woche festlegen: Teeritual am Montag

Der süßlich duftende Jasmintee kann eine fröhliche und entspannte Atmosphäre schaffen. Gieße eine Kanne Jasmintee auf, füge nach Geschmack Honig hinzu und trinke den Tee zusammen mit einer guten Freundin. Die Kletterpflanze Jasmin verkörpert die Verflechtung von Menschen. Du wirst mehr mit jedem verbunden sein, mit dem du dieses Ritual teilst. Du kannst den Tee aber auch allein genießen. Für eine freudvolle Woche empfehle ich seinen Genuss an jedem Montag. Bete, während er zieht:

An diesem Montag in dieser neuen Woche

bitte ich die Geister, dass das Glück an meine Tür poche.

Die schönen Mondgöttinnen Artemis und Selene ich anflehe,

mir zu zeigen, welchen Weg ich am beste gehe.

Ich danke für alles, was ich erhalte hier.

Gesegnet sei der Tee und Segen werde zuteil auch mir.

Rubinrot und Rosa am Dienstag

Wenn du dein Leben in Schwung bringen und positive Veränderungen herbeiführen willst, dann nutze die Kraft rosafarbener und roter Steine. Sie enthalten viel Lebensenergie und können dir helfen, motivierter, energiegeladener und lebendiger zu werden. Es hilft, wenn du die folgende Liste an Steinen bei dir trägst, sie auf den Schreibtisch legst oder in allen Räumen verteilst: Alexandrit, Karneol, Granat, rote Koralle, roter Jaspis, Rhyolith, rosa Jaspis, Rubin. Die Macht dieser Steine wird erheblich verstärkt, wenn du sie an einem Dienstag trägst.

Ein magischer Spruch am Mittwoch für Frieden, Liebe und Heilung

Die höchste Magie erzeugt positive Energie, die sich spiralförmig nach außen hin ausbreitet und jeden, den sie trifft, positiv verwandelt. Ich kenne Schamanen und weise Frauen, die ihr Leben guten Taten verschrieben haben, etwa dem Schutz der bedrohten Regenwälder. Dazu gehören auch die Aborigines, die in ihren »Traumzeiten« die Erde heilen.

Dazu kannst auch du beitragen: Zünde mittwochs bei abnehmendem Mond eine mit Rosenöl gesalbte weiße Kerze auf deinem Altar an. Stelle eine weiße Rose in eine Vase und zünde ein Bündel aus getrocknetem weißem Salbei an einem Ende sowie Rosenräucherwerk an. Während der Rauch über den Altar in den Raum zieht, sagst du:

Krieg und Kummer werden enden,

wenn wir uns dem Friedenspfad zuwenden

und unseren Nächsten lieben wie uns selbst.

Nur Liebe brauchen wir.

Das Böse soll schwinden und nur Verständnis herrschen hier.

Spruch am Donnerstag
für Wahrheit und Selbsterforschung

Wenn du bei der Lösung eines Problems Hilfe brauchst oder um neue Ressourcen in dir selbst aufzuspüren, kannst du Folgendes tun: Zünde an einem Donnerstag ein paar blaue Kerzen an und sprich:

Angst und Zweifel, hinfort von mir!

Ich habe den Mut, mich zu befreien hier.

Ich bin weise und stark genug, um zu wachsen weiter.

Innerer Führer, hilf mir auf der Wahrheit Leiter.

Mögen alle gesegnet sein.

Wiederhole diesen Spruch vier Mal, während die Kerzen brennen. Vertraue deiner Intuition.

Ritus am Freitagabend

Der Freitagabend ist ein guter Zeitpunkt für Zusammenkünfte mit Freunden oder Hexen. Ideal ist ein Ort mit Feuerstelle, wo man ein loderndes Feuer entfachen und barfuß tanzen kann. Bitte alle, Frühlingsblumen und Musikinstrumente mitzubringen, darunter viele Trommeln. Lege Kissen auf den Boden und serviere zu leckerem Fingerfood alkoholische Getränke wie Honigwein, Bier oder gewürzten Apfelwein; außerdem Früchtetees. Zünde angenehm duftendes Räucherwerk an und stelle vor jeden Gast eine Kerze. Hebe den Arm, deute in alle vier Himmelsrichtungen, sag ihre Namen und singe:

Huf und Horn, Huf und Horn, heute

werden unsre Geister neu geborn. (Drei Mal wiederholen.)

Willkommen, Freude, an diesem Ort.

Schenk diesen Freunden Liebe und Lachen immerfort.

Amen.

Lasse jeden Gast eine Kerze anzünden und einen Trinkspruch sagen. Dann wird getrommelt und getanzt. Dies ist wahrlich eine Beschwörung der Lebenslust und alle werden sich noch lange an diesen Abend erinnern. Viel Spaß!

Geisterstunde: Schutzzauber am Samstag

Um dein Zuhause zu weihen und vor Unheil zu schützen, gibst du eines der folgenden ätherischen Öle unverdünnt oben und unten auf die äußere Seite der Eingangstür: Zimt, Nelke, Zypresse, Drachenblut oder Weihrauch. Geh hinein und schließe die Tür sorgfältig. Gib das restliche Öl auf alle Fenster- und Türrahmen. Entzünde zur Geisterstunde um Mitternacht gesalbte weiße Kerzen und stelle je eine an jede Türschwelle und vor jedes Fenster. Jetzt ist dein Zuhause durch die Macht der Magie geschützt.

Magischer Ermutigungsspruch am Sonntag

An einem Sonntag oder an jedem Tag, an dem du Ermutigung brauchst, solltest du dir eine halbe Stunde Zeit nehmen und etwas Willenskraft aufbringen, um dir selbst bei deinen Herausforderungen zu helfen. Zünde eine weiße, mit Pfefferminzöl gesalbte Kerze und würziges Räucherwerk an, etwa Zimt. Gib warme Milch in einen weißen Becher und rühre sie im Uhrzeigersinn mit einem Zweig Minze und Zimtstangen um. Sprich:

Gaben der Natur, so hilfreich alle,

jetzt werde ich siegen in jedem Falle,

mit jedem Wort und jeder Tat.

Segen sei für alles parat.

Trinke den Becher zügig aus und stell dir mit geschlossenen Augen deine neuen Möglichkeiten vor. Bewahre den Zimt auf deinem Altar als Symbol für die Kraft der ermutigenden Worte.

DIE HEXENWOCHE

Mehr Gelassenheit: Farbenmagie mit Kerzen

In meiner Praxis sind Zauber zur Stressreduktion derzeit sehr gefragt. Die Menschen sind ständig so sehr mit vollen Terminplänen und ihren zu vielen noch zu erledigenden Aufgaben beschäftigt, dass Magie eine wichtige Form der Selbsthilfe darstellt. Dieser Leitfaden hilft dir, den Druck zu lindern.

SONNTAG
Für Selbstvertrauen und das Überwinden
von Ängsten entzünde rote Kerzen.

MONTAG
Für inneren Frieden entzünde silberne Kerzen.

DIENSTAG
Für das Loslassen von Ärger entzünde orangefarbene Kerzen.

MITTWOCH
Für geistige Klarheit entzünde gelbe Kerzen.

DONNERSTAG
Für ein friedvolles Zuhause entzünde blaue Kerzen.

FREITAG
Für Freundlichkeit entzünde rosafarbene Kerzen.
Für Karriere oder Gesundheit entzünde grüne Kerzen.

SAMSTAG
Für das Überwinden von Reue- oder Schuldgefühlen entzünde weiße
Kerzen.

Gebet für ein stressfreies Leben

Wir Hexen müssen mit der modernen Welt Schritt halten, aber unsere Verbindung zur Erde und den Kreisläufen der Natur hilft uns, trotz des Trubels unserer technikgetriebenen Zeit Gleichgewicht und Harmonie zu wahren. Der folgende magische Spruch soll Wohlbefinden beschwören, damit du gefestigt, geerdet und gesund bleibst. Sprich ihn zu Beginn jeder Woche, und du wirst vor Stress geschützt sein. Entzünden deine Lieblingskerze und dein Lieblingsräucherwerk, nimm deinen Lieblingskristall und bete:

Es liegt an mir, wie ich will leben,

ich muss nur wollen, nach Besserem zu streben.

Ich atme den Odem der Lebendigkeit,

zu leben ohne Schmerz und Kampf bin ich bereit!

Ihr Weise, schenkt mir Gesundheit und Leben,

Liebe und Glück mögt ihr mir geben.

Schenkt uns allen gesegneten Frieden

an diesem neuen Tag hienieden.

In dieser Flamme ist die Vergangenheit zu erblicken,

das Feuer lässt uns in die Zukunft entrücken.

Zu Beginn der Woche kann ich sehen,

dass Glück wird herrschen, wohin wir auch gehen.

Unheil für keinen und Gesundheit für alle in jedem Falle.

SCHLUSSBEMERKUNG

Die Kunst und Praxis der Magie sind im Kern ein Ausdruck deiner Spiritualität. Während viele Sabbatfeiern und im Kreis einer Gruppe vollzogene Riten eine Art Stammesversammlung sind, wirst du einen großen Teil deiner magischen Arbeit allein ausführen. Die innere Arbeit der Erschaffung und Entwicklung persönlicher Rituale, die Verfolgung der Lebenszyklen von Mond und Sternen und das Protokollieren deiner magischen Arbeit im Buch der Schatten fördern deine Entwicklung am intensivsten.

Im Buch der Schatten solltest du deine Überlegungen, Beschwörungen, Hoffnungen und Absichten schriftlich niederlegen. Die Einsichten, die du später gewinnst, wenn du einen Blick auf deine bisherige Arbeit wirfst, sind von unschätzbarem Wert. Für mich ist das Buch der Schatten wie ein Reisetagebuch, das die tiefen Wahrheiten und Offenbarungen meiner eigenen Arbeit beinhaltet.

Die Aufzeichnungen deines Erfahrungswissens in deinem persönlichen Buch der Schatten sind ein unbezahlbarer Schatz. Alles Gute!

RITUELLE HILFSMITTEL
UND MAGISCHE ENTSPRECHUNGEN

ZAUBER UND RITUELLE HILFSMITTEL

TAG: Sonntag

PLANET: Sonne

ENTSPRECHUNGEN: Exorzismus, Heilung, Wohlstand

FARBEN: Orange, Weiß, Gelb

RÄUCHERWERK: Weihrauch, Zitrone

TAG: Montag

PLANET: Mond

ENTSPRECHUNGEN: Landwirtschaft, Tiere, weibliche Fruchtbarkeit, Botschaften, Aussöhnung, Reisen

FARBEN: Silber, Weiß, Grau

RÄUCHERWERK: Afrikanisches Veilchen, Geißblatt, Myrte, Weide, Wermut

TAG: Dienstag

PLANET: Mars

ENTSPRECHUNGEN: Negativen Zauber auflösen, Mut, militärische Ehrungen, physische Stärke, Vergeltung, Operationen

FARBEN: Orange, Rot

RÄUCHERWERK: Drachenblut, Patschuli

TAG: Mittwoch

PLANET: Merkur

ENTSPRECHUNGEN: Geschäfte, Kommunikation, Hellsehen, Wissen, Schreiben

FARBEN: Grau, Lila, Gelb, alle opaleszenten Färbungen

RÄUCHERWERK: Jasmin, Lavendel, Wicke

TAG: Donnerstag

PLANET: Jupiter

ENTSPRECHUNGEN: Arbeitsplatz, Zufriedenheit, Gesundheit, Glück, Rechtsangelegenheiten, männliche Fruchtbarkeit, Kostbarkeiten, Wohlstand

FARBEN: Indigo, Violett

RÄUCHERWERK: Zimt, Moschus, Muskat, Salbei

TAG: Freitag

PLANET: Venus

ENTSPRECHUNGEN: Freundschaft, Liebe, Ehe, Partnerschaft, körperliche Schönheit, Romantik, Sexualität

FARBEN: Türkis, Hellgrün, Grün, Rosa

RÄUCHERWERK: Rose, Safran, Sandelholz, Erdbeere, Vanille

TAG: Samstag

PLANET: Saturn

ENTSPRECHUNGEN: Kommunikation, Auffinden verschollener oder vermisster Personen, Meditation, übersinnlicher Angriff oder übersinnliche Verteidigung, Geist

FARBEN: Schwarz, Grau, Indigo

RÄUCHERWERK: Myrrhe, Mohnsamen

ENTSPRECHUNGEN ZU DEN SONNENZEICHEN

GEBURTSTAG: 21. MÄRZ–19. APRIL

SONNENZEICHEN: Widder

GLÜCK BRINGENDE UND SCHÜTZENDE MINERALE UND METALLE: Amethyst, Diamant, Granat, Eisen, Stahl, Topas

FARBE: Rot

GEBURTSTAG: 20. APRIL–20. MAI

SONNENZEICHEN: Stier

GLÜCK BRINGENDE UND SCHÜTZENDE MINERALE UND METALLE: Achat, Kupfer, Koralle, Smaragd, Saphir, Türkis, Zirkon

FARBE: Azurblau

GEBURTSTAG: 21. MAI–20. JUNI

SONNENZEICHEN: Zwillinge

GLÜCK BRINGENDE UND SCHÜTZENDE MINERALE UND METALLE: Aquamarin, Achat, Bernstein, Smaragd, Topas, Aluminium

FARBE: Stahlblau

GEBURTSTAG: 21. JUNI–22. JULI

SONNENZEICHEN: Krebs

GLÜCK BRINGENDE UND SCHÜTZENDE MINERALE UND METALLE: Smaragd, Mondstein, Opal, Perle, Silber

FARBE: Perlmutt, Rosa

GEBURTSTAG: 23. JULI–22. AUGUST

SONNENZEICHEN: Löwe

GLÜCK BRINGENDE UND SCHÜTZENDE MINERALE UND METALLE: Chrysoberyll, Diamant, Gold, Rubin, Sardonyx

FARBE: Orange

GEBURTSTAG:

23. AUGUST–22. SEPTEMBER

SONNENZEICHEN: Jungfrau

GLÜCK BRINGENDE UND SCHÜTZENDE MINERALE UND METALLE: Aluminium, Karneol, Jade, Rhodonit, Saphir

FARBE: Graublau

GEBURTSTAG:

23. SEPTEMBER–22. OKTOBER

SONNENZEICHEN: Waage

GLÜCK BRINGENDE UND SCHÜT-
ZENDE MINERALE UND METALLE:
Kupfer, Jade, Opal, Quarz, Saphir,
Türkis
FARBE: Hellorange

GEBURTSTAG:

23. OKTOBER–21. NOVEMBER

SONNENZEICHEN: Skorpion

GLÜCK BRINGENDE UND SCHÜT-
ZENDE MINERALE UND METALLE:
Aquamarin, Heliotrop, Jaspis, Silber,
Topas
FARBE: Dunkelrot

GEBURTSTAG:

22. NOVEMBER–21. DEZEMBER

SONNENZEICHEN: Schütze

GLÜCK BRINGENDE UND SCHÜT-
ZENDE MINERALE UND METALLE:
Koralle, Lapislazuli, Zinn, Topas,
Türkis
FARBE: Violett

GEBURTSTAG:

22. DEZEMBER–19. JANUAR

SONNENZEICHEN: Steinbock

GLÜCK BRINGENDE UND SCHÜT-
ZENDE MINERALE UND METALLE:
Gagat, Blei, Malachit, Onyx, Rubin
FARBE: Braun

GEBURTSTAG:

20. JANUAR–18. FEBRUAR

SONNENZEICHEN: Wassermann

GLÜCK BRINGENDE UND SCHÜT-
ZENDE MINERALE UND METALLE:
Aluminium, Aquamarin, Fluorit,
Jade, Saphir, Zirkon
FARBE: Grün

GEBURTSTAG:

19. FEBRUAR–20. MÄRZ

SONNENZEICHEN: Fische

GLÜCK BRINGENDE UND SCHÜT-
ZENDE MINERALE UND METALLE:
Alexandrit, Amethyst, Heliotrop,
Silber, Stichtit
FARBE: Ozeanblau

STUNDE DER SONNE ◆ Persönliche Zielsetzungen und beruflicher Erfolg, öffentliche Reden, sich selbst ins Rampenlicht stellen. Optimale Zeit für gesundheitsfördernde Maßnahmen und die Einführung neuer Verhaltensweisen, um sich zu verbessern und glücklich zu sein.

STUNDE DES MONDES ◆ Wachsende Körperkraft, Intuition, Vorstellungskraft, alles, was das eigene Zuhause betrifft.

STUNDE DES MERKUR ◆ Anspruchsvolles Denken, geistige Wachheit, Reden, neue Verträge, Versenden wichtiger Nachrichten, technische Arbeiten, jede kommunikationsbezogene Aktivität.

STUNDE DER VENUS ◆ Freundschafts- und Liebesangelegenheiten, Ehe, Verbesserung des Aussehens, finanzielle Investitionen, Versöhnung, Streitschlichtung, Entspannung nach einer Stresssituation, Friedensarbeit.

STUNDE DES MARS ◆ Aktivitäten, die viel Kraft und Sportlichkeit erfordern, Tapferkeit, Verwegenheit, Mut, Handeln, Beginnen von Neuem. Vermeide Wut und überschießende Reaktionen, um keine unüberlegten Handlungen zu begehen, die du später bereut werden könntest.

STUNDE DES JUPITER ◆ Fülle, Streben nach Erfolg, Neuanfänge, besonders Neugründung eines Unternehmens oder Einstieg in ein rentables Projekt. Hüte dich vor jeder Art von übermäßigem Genuss, Essen und Trinken eingeschlossen.

STUNDE DES SATURN ◆ Ordnung schaffen, langweilige Arbeit erledigen, unerwünschte Angewohnheiten beenden, Aufgaben übernehmen und erledigen, innere Einkehr, Meditation, vor allem, wenn man sich müde fühlt und eine Pause von der Arbeit braucht.

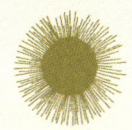

STUNDE	So	Mo	Di	Mi	Do	Fr	Sa
6-7	Sonne	Mond	Mars	Merkur	Jupiter	Venus	Saturn
7-8	Venus	Saturn	Sonne	Mond	Mars	Merkur	Jupiter
8-9	Merkur	Jupiter	Venus	Saturn	Sonne	Mond	Mars
9-10	Mond	Mars	Merkur	Jupiter	Venus	Saturn	Sonne
10-11	Saturn	Sonne	Mond	Mars	Merkur	Jupiter	Venus
11-12	Jupiter	Venus	Saturn	Sonne	Mond	Mars	Merkur
12-13	Mars	Merkur	Jupiter	Venus	Saturn	Sonne	Mond
13-14	Sonne	Mond	Mars	Merkur	Jupiter	Venus	Saturn
14-15	Venus	Saturn	Sonne	Mond	Mars	Merkur	Jupiter
15-16	Merkur	Jupiter	Venus	Saturn	Sonne	Mond	Mars
16-17	Mond	Mars	Merkur	Jupiter	Venus	Saturn	Sonne
17-18	Saturn	Sonne	Mond	Mars	Merkur	Jupiter	Venus

PLANETENSTUNDEN BEI NACHT

STUNDE	So	Mo	Di	Mi	Do	Fr	Sa
18-19	Jupiter	Venus	Saturn	Sonne	Mond	Mars	Merkur
19-20	Mars	Merkur	Jupiter	Venus	Saturn	Sonne	Mond
20-21	Sonne	Mond	Mars	Merkur	Jupiter	Venus	Saturn
21-22	Venus	Saturn	Sonne	Mond	Mars	Merkur	Jupiter
22-23	Merkur	Jupiter	Venus	Saturn	Sonne	Mond	Mars
23-24	Mond	Mars	Merkur	Jupiter	Venus	Saturn	Sonne
0-1	Saturn	Sonne	Mond	Mars	Merkur	Jupiter	Venus
1-2	Jupiter	Venus	Saturn	Sonne	Mond	Mars	Merkur
2-3	Mars	Merkur	Jupiter	Venus	Saturn	Sonne	Mond
3-4	Sonne	Mond	Mars	Merkur	Jupiter	Venus	Saturn
4-5	Venus	Saturn	Sonne	Mond	Mars	Merkur	Jupiter
5-6	Merkur	Jupiter	Venus	Saturn	Sonne	Mond	Mars

FARBEN

Die Liste hilft dir, die richtigen Farben für deine magische Arbeit auszusuchen, zum Beispiel für die Auswahl von Kerzen für magische Rituale, für das Färben von Badesalz oder für Rituale mit pflanzlichen Produkten. Vertraue bei der Auswahl der Farben deiner Intuition.

BRAUN ◆ Zuhause, Weisheit der Tiere, Erdung, Heilung.

DUNKELBLAU ◆ Veränderung, Flexibilität, das Unbewusste, übersinnliche Kräfte, Heilung.

GELB ◆ Geistesstärke, Vision, Intelligenz, klares Denken, Lernen, Selbstsicherheit, Wohlstand, Fülle, Hellsehen, Überzeugungskraft, Weisheit, Charisma, gesunder Schlaf.

GOLD ◆ Sonnenmagie, Geld, Anziehung, Astrales.

GRAU ◆ Neutralität, Stillstand, Annullierung.

GRÜN ◆ Geld, Wohlstand, Wachstum, Glück, Arbeitsplatz, Gärtnern, Jugend, Schönheit, Fruchtbarkeit.

HELLBLAU ◆ Geduld, Zufriedenheit, Überwindung von Niedergeschlagenheit, Ruhe, Verständnis.

ORANGE ◆ Anziehung, Erfolg in Rechtssachen, Wandlungsfähigkeit, Anregung, Unterstützung, Ermutigung.

ROSA ◆ Liebe, Treue, Freundschaften, Güte, Zuneigung.

ROT ◆ Stärke, Schutz, Vitalität, Sexualität, Leidenschaft, Mut, Kraft, Liebe, Gesundheit.

SCHWARZ ◆ Verbannung, Neutralisierung, Vertreibung des Negativen, Heilung schwerer Krankheiten, Anziehung von Geld.

VIOLETT ◆ Heilung, Ehrgeiz, beruflicher Erfolg, Stressabbau, Macht.

WEISS ◇ Reinigung, Frieden, Schutz, Wahrheit, Bindung, Ehrlichkeit, Reinheit, Zufriedenheit, göttlicher Geist.

ZAHLEN

Die folgende Liste gibt das alte pythagoreische System wieder, auf dem die heutige Numerologie aufbaut. Wenn dir eine Zahl in verschiedenen Formen erscheint, achte auf die Bedeutung dieser Zahl.

1 ◆ Unabhängigkeit, Neuanfang, Selbstentfaltung, Einssein mit dem Leben, Individualität, Fortschritt, Kreativität.

2 ◆ Ausgewogenheit von Yin- und Yang-Energien (den Gegensätzen des Universums) und daraus gewonnenes Wissen, Selbsthingabe, andere an die erste Stelle stellen, dynamische gegenseitige Anziehung.

3 ◆ Dreifaltigkeit (Geist-Körper-Seele, dreifaltige Natur des Göttlichen), Erweiterung, Ausdruck, Kommunikation, Spaß, Selbstentfaltung, Schenken. (Um die 3 geht es auch bei dem Wicca-Gesetz, dass man das, was man aussendet, dreifach zurückbekommt.)

4 ◆ Sicherheit, Grundlagen, die vier Elemente und Himmelsrichtungen, Selbstdisziplin durch Arbeit und Dienst, Produktivität, Organisation, Ganzheit.

5 ◆ Freiheitsgefühl, aktive Lebenseinstellung, Körperlichkeit, Impulsivität, Tatkraft, Veränderlichkeit, Abenteuerlust, Einfallsreichtum, Selbstbefreiung, Reisen, Neugier, innere Unabhängigkeit, Begeisterung.

6 ◆ Einklang mit sich selbst, Leidenschaft, Liebe, Dienst, gesellschaftliche Verantwortung, Schönheit, Kunst, Großzügigkeit, Zuwendung, Kinder, Gleichgewicht, gemeinnützige Arbeit.

7 ◆ Inneres Leben, innere Weisheit, Chakren, Himmel, (Wieder-)Geburt, religiöse Stärke, heilige Gelübde, Einsamkeit, Analyse, Kontemplation.

8 ◆ Unendlichkeit, Wohlstand, innere Stärke, Fülle, kosmisches Bewusstsein, Belohnung, Autorität, Führung.

9 ◆ Humanität, Selbstlosigkeit, Selbsthingabe, Fertigstellung, Beendigung, umfassendes Mitgefühl, Toleranz, Weisheit.

MEISTERZAHLEN

Nach der pythagoreischen Überlieferung haben Meisterzahlen besondere Kräfte und eine eigene Bedeutung.

11 ◆ Intuition, Hellsehen, spirituelles Heilen und andere metaphysische Fähigkeiten.

22 ◆ Unbegrenzte Meisterschaft in allen Bereichen – spirituell, physisch, emotional, mental.

33 ◆ Alles ist möglich.

44 ◆ Praxisnähe, Effizienz, Disziplin, Optimismus, Gleichgewicht, Leistung.

ANDERE VOLLMOND-NAMEN

Viele unserer Vollmond-Namen stammen aus mittelalterlichen Stundenbüchern und von den nordamerikanischen Ureinwohnern. Hier einige seltenere Vollmond-Namen aus beiden Traditionen für Mondrituale.

JANUAR ◆ Alter Mond, Jungfrauenmond

FEBRUAR ◆ Hungermond

MÄRZ ◆ Rindenmond, Zuckermond, Sirupmond, Wurmmond

APRIL ◆ Grasmond, Eimond, Fischmond

MAI ◆ Milchmond, Pflanzmond, Hasenmond

JUNI ◆ Sonnenmond, Rosenmond

JULI ◆ Bockmond, Heumond

AUGUST ◆ Gerstenmond, Blitzmond, Störmond

SEPTEMBER ◆ Maismond, Rebmond

OKTOBER ◆ Sterbendes-Gras-Mond, Reisemond, Blutmond, Fallende-Blätter-Mond

NOVEMBER ◆ Frostmond, Schneemond

DEZEMBER ◆ Kalter Mond, Eichenmond

SATURN-RÜCKKEHR

Der Rhythmus der Planeten hat auch einen wesentlichen Einfluss auf die zentralen Lebenszyklen. Ein astrologischer Faktor, der darüber bestimmt, wann eine Frau alt wird, ist der Moment, in dem Saturn das zweite Mal an den Punkt kommt, den er zur Stunde ihrer Geburt eingenommen hat. Normalerweise geschieht dies irgendwann zwischen dem 54. und 58. Lebensjahr. Weil Saturn der Planet der Weisheit ist, ist er auch ein »lehrender Planet«. Er bewegt sich langsam und gibt uns alle Zeit, weiser und wissender zu werden. Aus einem guten Geburtshoroskop kannst du viel über dich selbst lernen.

ENTSPRECHUNGEN ZU GÖTTERN

Die folgende Liste enthält Informationen über magische Bereiche und die damit verbundenen Gottheiten.

ASTROLOGIE ◆ Albion

EHE ◆ Airyaman, Aphrodite, Aryan, Bes, Bah, Ceres, Errata, Frigg, Hathor, Hera, Hymen, Juno, Patina, Saluki, Svarog, Thalassa, Tutunis, Vor, Xochipilli

ERDE ◆ Asia, Consus, Daghda, Enlil, Frigga, Gaea, Ge, Geb, Kronos, Ninhursag, Ops, Prithivi, Rhea, Saturn, Sif, Tellus

FRUCHTBARKEIT ◆ Amnu, Anaitis, Apollon, Arianrhod, Asherali, Astarte, Attis, Baal, Bacchus, Bast, Bona Dea, Bucca, Centeotle, Cernunnos, Cerridwen, Cybele, Daghda, Demeter, Dew, Dionysos, Eostre, Frey, Freya, Frigg, Indra, Ishtar, Ishwara, Isis, Kronos, Ono, Lulpercus, Min, Mut, Mylitta, Ningirsu, Ops, Osiris, Ostara, Pan, Pomona, Quetzalcoatl, Rhea, Rhiannon, Saturn, Selkhet, Sida, Tane, Telepinu, Telluno, Tellus Mater, Thunor, Tlazolteotl, Jarilo, Zarpanitu

GEBURT ◆ Althea, Anahita, Bes, Camenta, Cihuatcoatl, Cuchavira, Isis, Guanyin, Laima, Lucina Meshkent

GESETZ, WAHRHEIT UND GERECHTIGKEIT ◆ Astraea, Maat, Misharu, Themis

GESTALTVERÄNDERUNG ◆ Freya, Volkh, Xolotl

GLÜCK UND VERMÖGEN ◆ Bonus Eventus, Daikoku, Fortuna, Ganesha, Jorojin, Laima, Tyche

HEILUNG ◆ Apollon, Asklepios, Bast, Brigid, Eir, Gula, Ixlilton, Khnos, Paian

HIMMEL ◆ Aditi, Anshar, Anu, Dyaus, Frigg, Hathor, Horus, Joch-Huva, Jupiter, Kumarbis, Nut, Obatala, Rangi, Svarog, Tane, Thor, Tiwaz, Ukko, Uranus, Varuna, Zeus

KATZEN ◆ Freya

KOMMUNIKATION ◆ Hermes, Janus, Merkur

KUNST ◆ Athene, Ea, Hathor, Odin, Thor

LANDWIRTSCHAFT ◆ Adonis, Amon, Aristaeus, Baldur, Bonus Eventus, Ceres, Consus, Dagon, Demeter, Dumunzi, Esus, Gahanan, Inari, Osiris, Saturn, Tammuz, Thor, Triptolemus, Vertumnus, Yumcaa, Zochipilli

LIEBE ◆ Aizen Myo-O, Alpan, Angus, Aphrodite, Asera, Astarte, Asthoreth, Belili, Creirwy, Cupid, Dzydzilelya, Eros, Erzulie, Esmeralda, Fenrua, Freya, Frigg, Habondia, Hathor, Inanna, Ishtar, Kades, Kama, Kivan-Non, Kubaba, Melusine, Menu, Minne, Mamaja, Odudua, Olwen, Oshun, Prenda, Rao, Sauska, Tlazoletotl, Turan, Venus, Xochipilli, Zochiquetzal

MEER ◆ Amphitrite, Benten, Dylan, Ea, Enoil, Glaucus, Leucothea, Manannan Mac Lir, Neptun, Nereus, Njord, Paldemon, Phorcys, Pontus, Poseidon, Proteus, Shoney, Yamm

MONDMAGIE ◆ Aah, Anahita, Artemis, Asherali, Astarte, Baiame, Bendis,

Diana, Gou, Hathor, Hekate, Ilmaqah, Ishtar, Isis, Jacy, Kabul, Khons, Kilya, Lucina, Luna, Mah, Mama Quilla, Mani, Menu, Metzli, Myestaa, Nanna, Pah, Selene, Sin, Soma, Taukiyomi, Thoth, Varuna, Yarikh, Yerak, Zamna

MUSIK UND DICHTUNG ◆ Apollon, Benten, Bragi, Brigid, Hathor, Odin, Orpheus, Thoth, Untunktahe, Woden, Xolotl

MUT ◆ Tyr

RACHE ◆ Nemesis

REINKARNATION ◆ Hera, Khensu, Ra

REISEN ◆ Echua, Janus

SCHLAF ◆ Hypnos (siehe auch: Träume)

SONNENMAGIE ◆ Amaterasu, Apollon, Atum, Baldur, Bochia, Dazhbog, Helios, Hiruku, Horus, Hyperion, Inti, Legba, Lugh, Mandulis, Mao, Marduk, Maui, Melkart, Mithra, Orunjan, Paiva Perun, Phoebus, Ra, Sabazius, Samas, Sams, Shamash, Sol, Surya, Tezcatlipoca, Tonatiuh, Torushompek, Utto, Vishnu, Yhi

TRÄUME ◆ Geshtinanna, Morpheus, Nanshe

WEISHEIT ◆ Aruna, Athene, Atri, Baldur, Brigid, Dainichi, Ea, Enki, Fudo-Myoo, Fugen Bosatsu, Fukurokuju, Ganesha, Minerva, Nebo, Mimir, Oannes, Odin, Oghama, Quetzalxoatl, Sia, Sin, Thoth, Vohumano, Zeus

WETTER ◆ Adad, Acolus, Agni, Amen, Baal, Bragi, Burlash, Catequil, Chac-Mool, Chernabog, Donar, Fomagata, Ilyapa, Indra, Jupiter, Kami-Nari, Koza, Lei-Kung, Marduk, Nyame, Perkunas, Pillan, Pulug, Quiateot, Raiden, Rammon, Rudra, Shango, Sobo, Summanus, Taki-Tsu-Hilo, Tawhaaki, Tawhiri, Tefnut, Thor, Thunor, Tilo, Tinia, Typhoeus, Typhon, Yu-Tzu, Zeus, Zu

WOHLSTAND UND ERFOLG ◆ Daikoku, Jambhala, Kuber, Plutos, Thor

MAGISCHE INTENTIONEN

Die folgenden Intentionen stehen in Bezug zu unterschiedlichen Planeten und Elementen:

ARBEITSPLATZ ◆ Sonne, Jupiter

ENERGIE ◆ Sonne, Mars, Feuer

ERFOLG ◆ Sonne, Feuer

EXORZISMUS ◆ Sonne, Feuer

FREUDE UND ZUFRIEDENHEIT ◆ Venus, Wasser

FREUNDSCHAFT ◆ Venus, Wasser

FRIEDEN ◆ Mond, Venus

FRUCHTBARKEIT ◆ Mond, Erde

GELD UND WOHLSTAND ◆ Jupiter, Erde

HEILUNG UND GESUNDHEIT ◆ Mond, Mars (zum Wegbrennen von Krankheiten), Feuer (ebenso), Wasser

HELLSEHEN ◆ Merkur, Luft

LIEBE ◆ Venus, Wasser

MACHT ◆ Sonne, Mars, Feuer

MUT ◆ Mars, Feuer

PSYCHISMUS ◆ Mond, Wasser

REISE ◆ Merkur

SCHLAF ◆ Mond, Wasser

SCHÖNHEIT ◆ Venus, Wasser

SCHUTZ ◆ Sonne, Mars, Feuer

SEX ◆ Mars, Venus, Feuer

SPIRITUALITÄT ◆ Sonne, Mond

VERBANNUNG ◆ Saturn, Feuer

WEISHEIT UND INTELLIGENZ ◆ Merkur, Luft

ZUFRIEDENHEIT ◆ Venus, Mond, Wasser

ZUHAUSE ◆ Saturn, Erde, Wasser

DANKSAGUNG

Meiner Lektorin Jordana Tusman und dem hervorragenden Team von Running Press bin ich für die Ehre, dass ich mit ihnen zusammenarbeiten durfte, zutiefst dankbar. Es ist einer der wenigen Verlage, die noch immer große Sorgfalt auf ihre Bücher verwenden, und ich bin der Verlegerin Kristin Kiser sehr dankbar dafür. Die Aufmerksamkeit, die dem kleinsten Detail gewidmet wird, zeigt sich auf jeder der schönen Seiten. Mara Pennys Illustrationen haben meine Vorstellungen lebendig werden lassen und die Arbeit der Herstellerin Susan Van Horn sorgte dafür, dass dieses Buch wie ein wertvolles Kunstobjekt wirkt. Dank dieser hingebungsvollen Fachleute steckt dieses Buch wahrhaftig voller Magie. Auch dir möchte ich danken, dass du mir als Autorin eine zauberhafte Erfahrung ermöglicht hast.

REGISTER